북한산 역사 회복

북한산 역사 회복

**펴낸날** 2022년 05월 25일
**편  저** 호사카 유지
**펴낸이** 김은정
**펴낸곳** 봄이아트북스

**출판등록** 제406-251002019000142호.
**주소** 경기도 파주시 재두루미길 70 페레그린빌딩 308호
**전화** 070-8800-0156
**팩스** 031-935-0156
ISBN 979-11-6615-438-6 (03340)

북한산 연구 보고서

# 북한산 역사 회복

호사카 유지 지음

# 한성부는 서울의 원래 모습

한국의 수도가 한성부(서울)로 천도(遷都)된 것은 1394년이고, 시가형성계획시 가장 우선시 된 것은 풍수지리설에 의한 종묘, 사직, 궁궐의 장소와 그에 따른 '좌묘우사 전조후시(左廟宇社前朝後市)'의 원칙이었다. (『태조실록』(권6), 태조 3년 9월 병오)

먼저 조종산(祖宗山)인 북한산, 주산인 백악산(북악산)을 기점으로 좌청룡, 우백호의 원칙에 따라 성을 쌓는다. 그 성을 한 바퀴 돌아 남산과 연결되도록 도성의 규모를 결정한다. 주산을 배경으로 주 궁궐인 경복궁을 둔다.

다음으로 부주산격인 낙산을 배경으로 창덕궁을 배치한다. 이후 좌묘우사의 원칙에 따라 경복궁 우측에는 사직, 좌측에는 종묘를 배치했다. 성안을 흐르고 있는 청계천은 내수(內水), 성곽 남외(南外)의 한강은 외수(外水)이다.

가로(街路) 배치는 원형 성내의 거의 중앙에 동서로 굵은 중심가로를 설정한다. 그 거리와 성곽의 교점에 동서 대문을 내고 남쪽에 문을 만들어 남대문(숭례문)으로 삼았다. 또한 숭례문 및 경복궁과 창덕궁에서 동서 중심가로까지 굵은 가로가 정비되었다. 이것이 조선왕조 초기에 형성된 한성부 시가지 계획의 대망이었다.

중로(中路) 및 소로의 계획도 진행되었다. 자연 지형에 맞는 곡선의 복잡하고 좁은 거리를 형성했고, 나아가 안보와 치안을 감안해 의도적으로 미로를 조성했다. 이런 한국의 수도 모습은 1914년까지는 큰 변화가 없었다. 그러나 1910년 한일 병합으로 수도 한성부는 도읍이 아니라 경기도 지방관청 소재지가 되었고 한성부에서 경성부로 개칭되었다. 그리고 1914년 관제 개편으로 경성부의 규모가 축소되었다. 이때 경성부의 조종산 북한산을 경성부에서 분리해 경기도 고양군에 편입했던 것이다.

이는 한국 역사를 분단하고 일본 제국주의 지배하에 있는 경성부의 역사를 새롭게 형성하기 위한 일제와 조선총독부의 행동이었다.

이 용역은 1914년 경성부가 축소되면서 북한산이 서울(경성부)에서 배제되는 경위 및 역사적으로 본 서울(한성부, 경성부)과 북한산의 의미에 대해 조사하는 것을 목적으로 한다.

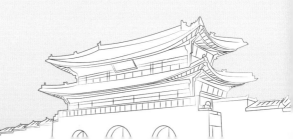

**목차**

## 제3장 칙령 제375호와 1914년 경성부 축소

## 제4장 칙령 제정 과정과 경성부 축소

## 제Ⅱ부 풍수지리로 본 한국과 일본의 수도

### 제5장 조선왕조실록으로 본 서울과 북한산의 관계 및 행정구역 변천

## 제6장 풍수지리로 건설된 일본의 도읍

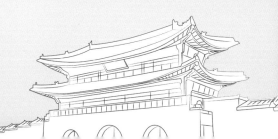

북한산 역사 회복

# 제 I 부

# 일왕의 칙령과 경성부 축소

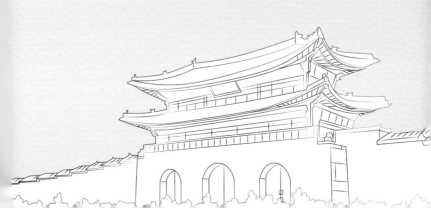

북한산 역사 회복

## 제1장

# 일왕, 조선 13도제를 결정. 한성부는 경기도로

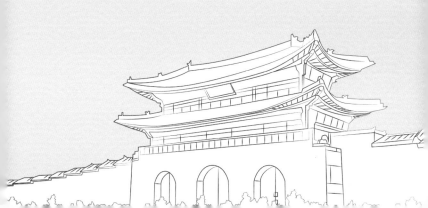

## 01. 일왕, 칙령으로 '조선총독부 관제' 공포

1910년 8월 29일 일본이 대한제국을 병합하여 대한제국은 '조선'이 되었다. 그 후 1910년 9월 26일, 일왕이 반포할 '조선총독부 관제'에 관한 칙령안이 내각의 자문기관인 추밀원(樞密院)에서 결정되어 일왕이 그 칙령안을 재가하였다. 이렇게 하여 일왕의 칙령에 의해 '조선총독부 관제'가 공포되었고 조선총독부 설치가 결정되었다.[1]

[조선총독부 관제 등 칙령안]

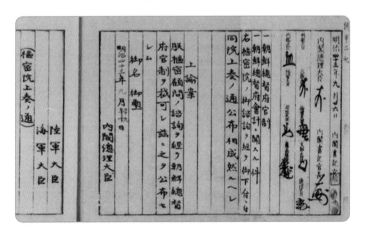

---

1 朝鮮総督府官制, 아시아역사자료센터, https://www.jacar.go.jp/, 레퍼런스코드: 1200054900.

메이지 43년(1910) 9월 26일

일. 조선총독부 관제

일. 조선총독부 회계에 관한 건

위는 추밀원의 자문을 거쳐 넘겨받은 것이므로 추밀원이 상주한 대로 공포하시기 바람

상유(上諭)안

짐(朕) 추밀 고문의 자문을 거쳐 조선총독부 관제를 재가하여 여기에 공포한다

언명  옥새

메이지 43년(1910) 9월 29일

내각총리대신

육군대신

해군대신

같은 날 추밀원의 결의로 정해진 조선총독부 관제는 다음과 같다.

[조선총독부 관제 - 추밀원결의문 1]

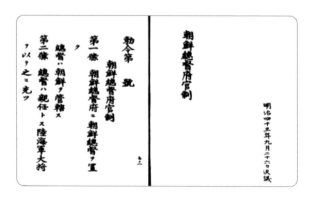

칙령 제 호

조선총독부 관제

제1조 조선총독부에 조선 총독을 둠. 총독은 조선을 관할한다.

제2조 총독은 친임(親任)으로 한다. 육해군대장으로 이에 충당한다.

[조선총독부 관제 - 추밀원결의문 2]

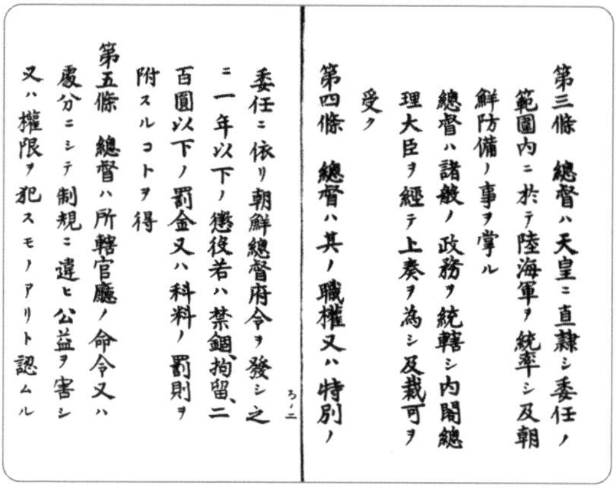

第三條 總督ハ天皇ニ直隷シ委任ノ
範圍内ニ於テ陸海軍ヲ統率シ及朝
鮮防備ノ事ヲ掌ル
總督ハ諸般ノ政務ヲ統轄シ內閣總
理大臣ヲ經テ上奏ヲ為シ及裁可ヲ
受ク

第四條 總督ハ其ノ職權又ハ特別ノ

委任ニ依リ朝鮮總督府令ヲ發シ之
ニ一年以下ノ懲役若ハ禁錮拘留ニ
百圓以下ノ罰金又ハ科料ノ罰則ヲ
附スルコトヲ得

第五條 總督ハ所轄官廳ノ命令又ハ
慶分ニシテ制規ニ遅ヒ公益ヲ害シ
又ハ權限ヲ犯スモノアリト認ムル

제3조 총독은 천황 직속이고 위임 범위 내에서 육해군을 통솔하고 조선 방비의 일을 장악한다. 총독은 제반의 정무를 통괄하여 내각총리대신을 경유해 상주(上奏)하고 재가를 받는다.

(이하, 생략)

## 02. 관보를 통한 '조선총독부 관제' 공포

상기와 같이 추밀원의 결의를 거친 '조선총독부 관제'에 관한 칙령은, 칙령 제354호로 1910년 9월 30일 관보(호외)에 실려 아래와 같이 일본 내외에 공포되었다.

[조선총독부 관제가 실린 관보, 1910년(메이지 43년) 9월 30일]

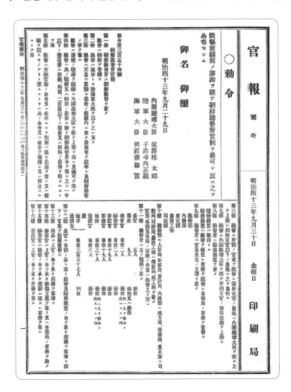

이 칙령의 특징을 요약하면 다음과 같다.

⑴ 조선 총독은 천황(일왕) 직속이고 육해군대장을 임명한다.

⑵ 조선 총독은 육해군을 통솔하여 조선을 방비한다.

⑶ 조선 총독은 정무를 통괄하여 현안은 총리를 통해 일왕에게 올리고 재가를 받는다.

조선 총독의 임무는 조선의 방비가 첫 번째이고 그 다음은 조선의 정무에 관해서는 총리를 통해 일왕의 재가를 얻어 실행한다는 데 있다. 그러므로 조선 총독은 일본총리를 통해 조선의 여러 정무에 관한 재가를 받았다. 이것이 조선 내정 전반에 대한 최종적 책임이 일왕에게 있다는 증거가 된다.

## 03. 일왕, 칙령으로 '조선총독부 지방관관제' 공포

일왕은 '조선총독부 관제'를 재가한 데 이어, 1910년 9월 29일 '칙령 제357호'를 발령하여 '조선총독부 지방관관제'로 13도제를 결정했다. 일본 천황(일왕)의 칙령으로 조선의 행정구역이 13도제로 결정되었다. 이 칙령으로 이제 조선(한반도)의 주인은 일왕이고 조선이 일왕 통치하에 들어갔음을 일본 내외에 알린 것이다.[2]

---

2   조선총독부 지방관관제: https://www.digital.archives.go.jp/DAS/meta/listPhoto?LANG=default&BID=F0000000000000022705&ID=&NO=&TYPE=dljpeg&DL_TYPE=pdf

**번역**

짐(朕) 조선총독부 지방관관제를 재가하여 여기에 이것을 공포함

무쓰히토(睦仁)[3] (옥새)

메이지43년(1910) 9월 29일

　　　　내각총리대신 후작(侯爵) 가쓰라 다로(桂太郎)

---

3　무쓰히토: 메이지 일왕의 이름.

**[칙령 제357호 두 번째 페이지, 1910년 9월 29일]**

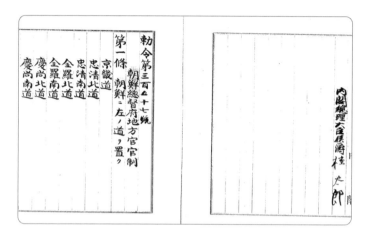

勅令第三百五十七號
朝鮮總督府地方官官制
第一條　朝鮮ニ左ノ道ヲ置ク
　京畿道
　忠淸北道
　忠淸南道
　全羅北道
　全羅南道
　慶尙北道
　慶尙南道

内閣總理大臣侯爵　太郎

**[칙령 제357호 세 번째 페이지, 1910년 9월 29일]**

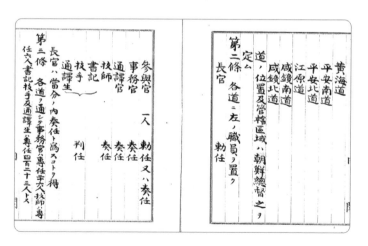

　黃海道
　平安南道
　平安北道
　江原道
　咸鏡南道
　咸鏡北道
第二條　各道ノ職員ヲ置ク
　長官　　　　　勅任
道ノ位置及管轄區域ハ朝鮮總督之ヲ定ム

參與官　　　一人　勅任又ハ奏任
事務官　　　　　　奏任
通譯官　　　　　　奏任
技師　　　　　　　奏任
書記
通譯生
技手　　　　　　判任

第三條　各道ノ通シテ事務官ヲ專任セ欠クルハ尋
　長官ハ當分ノ内奏任ト爲スコトヲ得
第四條　各道ノ通シテ事務官ヲ專任ノ技師ハ尋
　任八人書記技手及通譯生ヲ專任四百二十三人トス

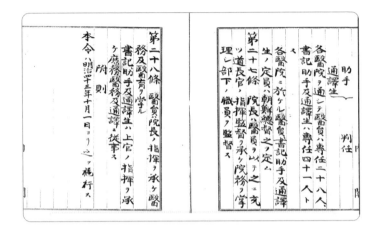

위와 같이 일왕이 칙령 제357호로 공포한 '조선총독부 지방 관관제'의 중요한 내용은 다음과 같다.

칙령 제357호

조선총독부 지방관관제

제1조 조선에 다음과 같이 도(道)를 둠

경기도, 충청북도, 충청남도, 전라북도, 전라남도, 경상북도,

경상남도, 황해도, 평안남도, 평안북도, 강원도, 함경남도,

함경북도

도의 위치 및 관할구역은 조선 총독이 정함

(중략)

본령은 메이지 43년(1910) 10월 1일부터 시행한다.

1910년 10월 1일부터 시행된 '조선총독부 지방관관제'는 칙령으로 정해져 일제가 조선에 13도제를 시행하는 근거가 되었다. 그리고 각 "도의 위치 및관할구역은은 조선 총독이 정함"이라고 기재되어 있다. 그러므로 경기도 등 13도의 위치 및 관할구역역 결정은 일차적으로로 조선 총독의 권한이고 조선 총독이 정한 내용은 내각 총리대신을 통해 최종적으로 일왕이 재가하는 형식을 취했다.

1910년 10월 1일부터 한성부는 조선의 수도 자격을 박탈당하고 경기도 도청 소재지가 되었다. 그리고 한성부에는 조선총독부가 설치되었으므로 한성부의 위치 및 관할구역 결정에는 조선 총독의 의사가 강하게 반영되는 구조가 되었다.

즉, 한일병합 이전 한성부는 대한제국의 수도였으나 한일병합 후 한성부는 일왕이 정한 식민지 조선의 경기도 도청 소재지이자 조선총독부가 설치된 조선의 중심지라는 이중적 성격을 갖게 되었다.

## 04. '조선총독부 지방관관제'를 일본 관보에 싣고 일본 내외에 알림

1910년 9월 30일 일본은 일본 본토의 '관보 제8184호'에 상기 '칙령 제357호'를 싣고 일왕이 '조선총독부 지방관관제'를 재가하여 13도를 결정한 것을 일본 내외에 공포했다.[4]

---

4  관보 제8184호, https://dl.ndl.go.jp/info:ndljp/pid/2964146

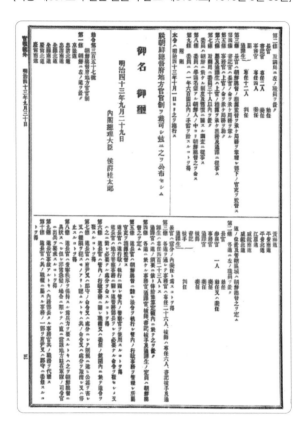

## 05. '조선총독부 지방관관제'를 '조선총독부 관보'에 게재

위에서 논한 일본 본토 관보에 실린 칙령 제357호 '조선총독부 지방관관제'는 1910년 9월 29일부 칙령이었다. 그런데 같은 칙령 제357호는 그다음 날 1910년 9월 30일부로 '조선총독부 관보'에도 실렸다. 그 증빙자료는 아래와 같다.

[조선총독부 관보, 1910년 9월 30일]

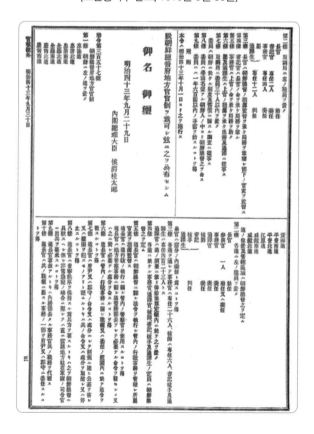

이렇게 일본 본토 관보에 실린 '칙령'이 다음날 다시 똑같은 내용으로 '조선총독부 관보'에도 실렸다는 사실은, 일왕의 칙령을 토대로 조선 총독이 조선에 관한 행정과 정무를 시행했다는 것을 증명하고 있다. 그러므로 '조선총독부 관보'에는 먼저 일왕의 '칙령'이 실리고 그다음 '조선총독부령', '조선총독부제령', '각 도령' 등이 실리는 형식이 취해졌다. 이런 형식은 조선 내의 모든 결정이 일왕의 재가에 의해 이루어진 것임을 보여주는 조치였다.

결국 1914년의 경성부 축소도 이런 형식을 취해 일왕의 재가하에 이루어진 결과임을 분명히 하고 있다. 아래에 그것을 증명해 나가도록 하겠다.

## 06. 1910년 10월 1일 '조선총독부령 제6호'로 각 도의 관할구역 결정

1910년 9월 29일 일본 본토에서 발령된 '칙령 제357호', 그리고 다음 날 9월 30일 조선에서 '조선총독부 관보'로 공포된 '칙령 제357호'에는 '조선총독부 지방관관제'를 1910년 10월 1일부터 조선에 시행한다고 명기되어 있었다.

[조선총독부 관보 제28호, 1910년 9월 30일]

이에 따라 조선총독부는 1910년 10월 1일 '조선총독부령 제6호'를 통해 '지방관관제 제1조'에 의거, 각 도(道)의 위치와 관할구역을 선포하고 이 내용을 '조선총독부 관보'에 실었다.

이것으로 경기도의 관할구역은 '종래의 한성부와 경기도 일원'으로 결정되었다. 아래는 '조선총독부 관보(1910. 10. 1.)'에 실린 '조선총독부령 제6호'의 일부이다. '칙령 제357호'로 '도의 위치와 관할구역은 조선 총독이 정함'으로 공포했으므로, 경기도에 한성부가 포함되는 결정은 일왕의 재가하에 조선 총독이 정했다.

[조선총독부 관보'에 실린 '조선총독부령 제6호'(일부), 1910년 10월 1일]

朝鮮總督府令第六號
地方官官制第一條에依하야道의位置와及管轄區域을左와갓치定함이라
附則
本令은公布하는日부터施行함이라
明治四十三年十月一日
朝鮮總督　子爵　寺內正毅

| 名稱 | 位置 | 管轄區域 |
| --- | --- | --- |
| 京畿道 | 京城 | 從來의漢城府와及京畿道一圓 |
| 忠淸北道 | 淸州 | 從來의忠淸北道一圓 |
| 忠淸南道 | 公州 | 從來의忠淸南道一圓 |
| 全羅北道 | 全州 | 從來의全羅北道一圓 |
| 全羅南道 | 光州 | 從來의全羅南道一圓 |
| 慶尙北道 | 大邱 | 從來의慶尙北道一圓 |
| 慶尙南道 | 晉州 | 從來의慶尙南道一圓 |
| 黃海道 | 海州 | 從來의黃海道一圓 |
| 江原道 | 春川 | 從來의江原道一圓 |
| 平安南道 | 平壤 | 從來의平安南道一圓 |
| 平安北道 | 義州 | 從來의平安北道一圓 |

四九

 1910년 10월 1일 '조선총독부 관보'에는 '조선총독부령 제6호'뿐 아니라 '조선총독부령 제7호'도 실렸다. 이 '조선총독부령 제7호'로 한성부 명칭이 '경성부'로 개칭되었다. 그리고 관할구역은 '종래의 한성부 일원'으로 명시되었다.

['조선총독부 관보'에 실린 '조선총독부령 제7호', 1910년 10월 1일]

朝鮮總督府令第七號
地方官官制第十七條에依ᄒ야府와及郡의名稱과管轄區域을左와ᄀᆺ치定ᄒ이라
　附則
本令은公布ᄒ는日부터施行ᄒ이라
明治四十三年十月一日
朝鮮總督　子爵　寺內正毅

| 名稱 | 位置 | 管轄區域 |
| --- | --- | --- |
| 京城府 | 京城 | 從來의漢城府一圓 |
| 仁川府 | 仁川 | 從來의仁川府一圓 |
| 群山府 | 群山 | 從來의務安府一圓 |
| 木浦府 | 木浦 | 從來의沃溝府一圓 |
| 大邱府 | 大邱 | 從來의大邱府一圓 |
| 釜山府 | 釜山 | 從來의東萊府一圓 |
| 馬山府 | 馬山 | 從來의昌原府一圓 |
| 平壤府 | 平壤 | 從來의平壤府一圓 |
| 鎭南浦府 | 鎭南 | 從來의三和府一圓 |
| 新義州府 | 義州 | 從來의義州府一圓 |
| 元山府 | 元山 | 從來의德源府一圓 |
| 淸津府 | 淸津 | 從來의富寧郡一圓 |
| 城津府 | 城津 | 從來의城津郡一圓 |
| 慶興府 | 慶興 | 從來의慶興府一圓 |
| 龍川郡 | 龍岩浦 | 從來의龍川府一圓 |

以上別記ᄒᆫᄃᆡ外各郡의名稱과位置와及管轄區域은渾히從前과如ᄒ이라

‘조선총독부령 제7호’에는 ‘지방관관제 제17조’에 의거하여 명칭과 관할구역이 정해진 사실이 적혀 있다. ‘지방관관제 제17조’란 ‘조선총독부 지방관관제 제17조’를 뜻하며 내용은 다음과 같다.

제17조 각 도에 부 및 군을 둔다. 부 및 군의 명칭, 위치 및 관할구역은 조선 총독이 정한다.

그러므로 일왕의 칙령으로 조선 지방관관제가 결정된 다음 이에 의거하여 조선 총독이 각 도에 부 및 군을 두었고, 부 및 군의 명칭, 위치 및 관할구역은 일왕이 임명한 조선 총독이 정하는 구조가 결정된 것이다.

이러한 조치는 조선에서의 모든 행정 정무 결정은 일왕의 대리자인 조선 총독의 결정이므로 일왕의 결정과 마찬가지라는 것을 보여주는 것이었다.

그리고 조선 총독은 결정한 정무 내용을 내각총리대신을 통해 일왕에 상주하여 일왕으로부터 재가를 얻었다.

하지만 패전 시 일본정부는 대다수의 공문서를 다음과 같이 폐기했다.

패전 시 육해군과 내무성, 외무성, 대장성 등 일본의 모든 조직이 기밀성 있는 공문서 소각에 혈안이 되었다. 패전 시의 공문서 소각에 대해, 당시의 장상은 '각료회의에서 결정했다'고 전후 증언했다. 내무성 직원이었던 오쿠노 세이스케(奥野誠亮) 전 법무상은 생전에 "전범이 될 우려가 있는 공문서를 소각하라는 지령을 썼다"고 증언했다. 도쿄 재판에서 나온 증언에서는 육군상에 의해 소각이 명령된 날짜는 1945년 8월 14일이다. 방위청 방위연수소 30년사는 "육해군이 비밀문서가 연합군에 넘어가는 것을 막기 위해 중요문서를 소각했다. 육군성이나 참모본부가 있던 이치가야다이(市ヶ谷台), 해군성이나 군령부가 있던 가스미가세키(霞が関) 등에서는 며칠간이나 불꽃과 연기가 피어올랐다"고 기록했다.[5]

위의 증언은 일본 본토의 중앙정부 부처의 공문서 폐기에 관한 내용이다. 일본 본토에서는 지방에서도 거의 모든 공문서가 패전 직후에 폐기되었다.[6] 일제강점기 조선은 일본의 한 지방이었으므로 패전 시 조선에서도 공문서 폐기가 자행되었다.[7]

그러므로 의사결정과정에 대한 구체적 내용을 알아내기에 어려움이 있다. 하지만 조선의 정무 결정의 기본적 구조는 일왕의 칙령을 기반으로 한 조선 총독의 결정과 일왕의 재가였다.

5   아사히신문, 2018. 8. 13. https://digital.asahi.com/articles/ASL8565LPL85UTIL01R.html
6   사이타마 현립문서관, 芳賀明子「失われた行政文書」(1995), file:///H:/07_%E5%A4%B1%E3%82%8F%E3%82%8C%E3%81%9F%E8%A1%8C%E6%94%BF%E6%96%87%E6%9B%B8%E3%80%80%E8%8A%B3%E8%B3%80%E6%98%8E%E5%AD%90.pdf
7   村上勝彦,「韓国所在の朝鮮総督府文書」『1940年代の東アジア : 文献解題』(1997)

1914년 1월 30일 '조선총독부 관보'에 '조선총독부 경기도령 제1호'가 게재되었다. 이를 통해 경성부가 원래의 한성부로부터 대폭으로 축소되었고 북한산(삼각산)이 경성부에서 제외되었다.

[조선총독부 경기도령 제1호]

일제는 1914년 대대적인 '경성 행정구역 개편'을 통해 원래의 경성부 '5부 8면'은 '5부와 용산'으로 축소하고, '경성부'의 나머지 부분, 즉 '성저십리(城底十里)'에 속하는 용강 연희 은평

숭인 한지 방면을 모두 경기도 고양군에 편입시켰다.

이에 따라 경성부는 경기도 일부분인 작은 서브시스템 (subsystem)으로 변질되었고, 면적은 36.18㎢로 축소되었다.[8] 이 것은 원래 한성부의 1/5 정도의 면적이었다. 바로 이때 북한산 (삼각산)이 고양군으로 편입된 것이다.

일본은 식민지 경영의 편익을 위해 일본인 거류지를 '초(정, 町)', 한국인 거류지를 '동(洞)'이라 칭했고, 도시계획이나 개발도 이 편익에 따라 시행했다. 일제가 구상한 경성부의 발전 축은 식민지화 발판 마련을 위한 것이 중심이었고, 경성부와 일본열 도 사이의 편리한 연결이 우선이었다.

시가지도 경성역(현 서울역)에서 용산 → 노량진 → 영등포 → 인천을 연결하는 루트를 개발하고 발전시켰다. 이 발전 루트는 주로 조선 이주 일본인들이 차지했다. 그래서 일본인들의 취락 지와 일본인들의 공장도 이 루트를 중심으로 집중적으로 건설 되었다. 이것이 36년간의 일제 식민시대의 경성부와 그 주변 의 실상이었다.[9]

---

8  2004. 1. 30. 東アジアの都市形態と文明史 巻21 pp. 313~325. 논문「朝鮮時代と日本植民時 代のソウル─景観変化を中心に─(조선시대과 일본식민시대의 서울─경관변화를 중심으로─)」 사기주(邪基柱, 동국대학교)
9  위 논문.

[경성의 일본인 거주지의 확대 방향]

[경성으로부터 용산, 인천으로 이어진 경인 철도]

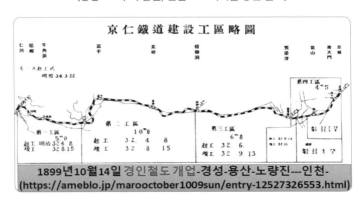

북한산 역사 회복

제2장

# 일제의 경성부 축소와
# 시구개정 계획

## 01. 일제는 왜 경성부를 축소했는가?

### (1) 경성부 소속 북한산

원래 북한산은 그 전체가 한성부(경성부)에 속하는 산이었다.
일제도 그 사실을 인정하고 있었다. 1912년 6월에 출판된 『경
인통람(京仁通覽)』을 보면 '경성부의 위치'라는 소제목 하에 북한
산이 언급되어 있었다.

『경인통람(京仁通覽)』(1912), 4~5쪽]

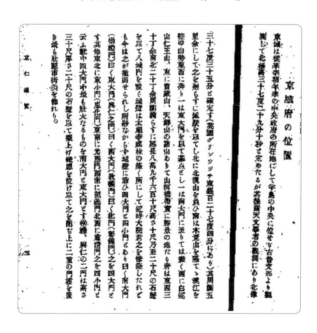

위 『경인통람(京仁通覽)』의 '경성부의 위치'를 보면 경성은 "북쪽에 북한산을 두고 있다."고 기재되어 있다. 즉, 조선시대로부터 계속 조선과 대한제국의 수도였던 한성부를 그대로 계승한 경성부에는 당초 '북한산'이 포함되어 있었다.

그러나 1914년의 경성부 축소로 인해 북한산은 경기도 고양군에 편입되었고, 1936년 경성부가 일부 확대되었지만 북한산은 그대로 경기도 고양군에 남았다. 1945년 해방 후 여러 차례 서울시의 면적이 확장되며 북한산 일부가 서울로 편입되었으나, 주요 봉우리인 백운봉, 인수봉, 만경봉을 비롯해 북한산성 등은 아직도 고양시에 남아 있어 원래 한성부(서울)이었던 북한산의 소속문제는 원상회복되지 않고 있다.

### (2) 의병들의 거점 북한산

〈네이버 지식백과 '북한산'〉[10]을 보면 다음과 같이 기재되어 있다.

"일제 때에는 의병과 독립군이 북한산을 거점으로 삼을 것을 우려하여 일본 헌병대가 주둔하였으며, 북한산 성내 대부분의 시설과 사찰을 불태웠다. 또한 1927년 백운대에 쇠 난간을 설치하고 철심을 박아 민족정기를 훼손하였으나, 철심은 1980

---

1 0  북한산: https://terms.naver.com/entry.naver?docId=2833897&cid=55574&categoryId=5567 8#TABLE_OF_CONTENT5

년대에 모두 철거되었다."

위 〈네이버 지식백과 '북한산'〉의 문장처럼 일제가 북한산을 경성부에서 제외한 이유 중 하나로 '북한산이 의병과 독립군의 거점이 될 수 있기 때문이었다.'라는 것이 있다. 조선총독부가 위치해 있는 조선의 중심지 경성부 내에 의병이나 독립군의 거점이 있다면 일제에 있어 조선총독부나 경성부 수비가 대단히 어려워졌을 것이다.

북한산은 원래 경성부에 속한 산이었으나 〈네이버 지식백과 '북한산'〉에 의하면 의병이나 독립군의 거점을 없애는 차원에서도 일제는 경성부에서 북한산을 제외했다고 볼 수 있다.

그 배경에는 조선과 구한말의 항일무장투쟁(1896, 1905~1914)이 있다. 청일전쟁을 계기로 일제의 한반도 침략이 강화되었고 친일 개화파 정권하에서 갑오개혁이 실시되자 위정척사파 양반들은 강력히 반발하였다.

1895년 말 명성황후 시해 사건(을미사변), 단발령을 계기로 1896년 1월 지방병과 농민들은 의병으로 거병하였다. 의병은 급속히 전국으로 확산돼 친일파 지방관과 일본 상인들을 살해했고, 의병들은 일본군 수비대 및 정부군과의 전쟁을 1896년 10월경까지 계속했다. 그 행동은 개화파 정권의 붕괴와 일본 세력의 일시적 후퇴를 초래했다.

러일전쟁으로 일본의 군사 지배가 진행되자 1905년 봄부터 의병들은 국권 회복을 위해 재기하였고 최익현(崔益鉉), 민종식(閔宗植) 등의 구 대관들도 거병하였다.

1907년 대한제국군이 해산되자 병사들이 의병에 가담하면서 전투력은 강화되었고, 전쟁은 전국적으로 확대되어 장기화되었으며 일본의 한국 보호국화 정책에 타격을 주었다.

그러나 그 후 의병 활동은 일본군의 증강, 헌병 경찰망의 조밀화로 압박되었고, 한국병합 후인 1914년 조선 내에서의 전투가 일단락되었다.[11]

### (3) 1907년 이후의 주둔 일본군과 헌병대

1907년 2월 시점에서 대한제국에 주둔한 일본군의 규모는 1개 사단이었다.[12] 그런데 1907년 3월 헤이그 밀사 사건이 일어나 이에 대한 대책으로 일제는 7월 고종황제를 퇴위하게 했고, 같은 해 7월 대한제국 군대를 해산시켰다.

이에 대한 반발로 대한제국 각지에 의병운동이 일어나자 일제는 대한제국에 보병 1여단과 기병 4개 연대를 파견하고 보병 2개 연대까지 보내 경비 강화에 나섰다.[13] 헌병대는 1907년

---

11　https://kotobank.jp/word/%E7%BE%A9%E5%85%B5%E9%97%98%E4%BA%89-51518
12　戸部良一, 「朝鮮駐屯日本軍の実像」, 388頁.
13　위의 논문. 388쪽.

약 800명이었는데 1908년 6월 6,600명까지 인원수가 확대되었다. 모두 의병 활동에 대처하기 위해서였다.[14] 이 시점에서 사단사령부는 한성부 용산에 있어 1개 사단이 배치되었고 또 평양과 대구에도 사령부를 두면서 일제는 여단을 분산 배치하여 대한제국을 제압했다. 일본군은 치안유지를 목적으로 주둔했다.[15]

1910년 한일병합 후 의병들의 무력 저항을 두려워한 일본육군이 용산에 임시로 1개 사단을 추가로 배치했고 합계 2개의 사단을 경성부에 집중적으로 배치하면서 의병들의 저항을 단속했다.[16]

한일병합 후 일본으로부터 약 1,000명의 헌병들이 증가, 파견되어 예비인원까지 포함한 조선 내의 헌병은 약 7,800명으로 증가했다.[17] 1914년 시점에서 조선에는 헌병대 14개, 헌병분대 78개, 파견소 317개, 출장소 528개가 존재했다.[18] 이런 헌병 주둔지는 주로 군사기지 주변, 국경지대, 그리고 의병들이 출몰할 가능성이 있는 산간 지역에 위치해 있었다.[19]

북한산(삼각산)도 헌병대의 감시 대상지가 되었고 헌병들이

---

14  위의 논문. 388쪽.
15  위의 논문. 389쪽.
16  위의 논문. 389쪽.
17  위의 논문. 389쪽.
18  위의 논문. 389쪽.
19  위의 논문. 389쪽.

북한산을 수색해 의병들을 단속하면서 의병들의 진지(陣地)가 될 만한 시설을 모두 태워 없애버리는 활동을 계속했다. 상기 〈네이버 지식백과 '북한산'〉의 내용을 확인해 주는 것이 당시 일본군과 헌병대의 조선 증파와 배치였다.

북한산이 경성부 소속이면 조선총독부가 있는 경성부가 의병 활동의 거점이 되어 경성부의 발전에 장애 요소가 되었을 것이다.

이것이 일제가 1914년 경성부로부터 북한산을 분리시켜 남촌의 일본인 마을을 중심으로 경성부를 발전시키려고 했던 한 요인으로 판단된다.

### ⑷ 1910~1914년 사이에 일어난 조선 내의 주된 의병들의 독립운동

1910년 한일병합 후 1914년까지의 조선 내에서 일어난 의병 활동 중 규모가 큰 것을 보면 다음과 같다. 이 내용은 주로 일본 사이트 〈한국전후사연표〉[20]에 나오는 내용들이다.

⑺ 1910년 11월, 일본군, 경북 일월산 일대에서 의병 소탕 작전을 감행하였음. 비협력적이라 간주한 취락을 모조리 태워버렸음.

---

20  사이트 주소: http://www10.plala.or.jp/shosuzki/korea/timetable/timetable0.htm#%EF%BC%
91%EF%BC%99%EF%BC%91%EF%BC%90%E5%B9%B4%EF%BC%88%E6%98%8E%E6%B2
%BB%EF%BC%94%EF%BC%93%E5%B9%B4%EF%BC%89

(나) 1911년 4월, 조선총독부, 토지수용령을 공포하여 소속 불명의 토지를 국유지로 몰수했음. 이것을 일본인 지주나 일본인 토지회사에 팔았음. 이 결과 조선인 자작농들이 토지를 잃고 몰락했음. 이것이 의병 활동의 또 하나의 계기가 되었음.

(다) 1911년 6월, 조선총독부, 조선인의 산림 소유를 제한하는 삼림령을 공포했음. 조선인들이 산림을 소유하면 의병들의 거점이 될 수 있다는 우려가 있었기 때문임.

(라) 1911년 6월, 데라우치 총독 암살 기도가 발각되었음.

(마) 1911년 9월, 데라우치 총독 암살 기도가 계기가 되어서 정치결사금지령이 공포되었음. 윤치호 양기탁 김일준 등 600여 명이 검거되었음. 심한 고문으로 사망자 4명, 정신이상자 3명이 나왔고, 탈구, 골절, 성기 손상, 눈알을 뽑힌 사람들이 무수히 많았음.

(바) 1911년 9월 하순, 일본군, 황해도의 의병단 봉기에 대해 40일간에 걸친 포위 작전을 전개, 초토 작전을 거듭했음.

(사) 1912년 11월, 이석용, 충북도에서 의병을 일으켜 장수군 진전면사무소를 습격했음.

(아) 1912년, 임병찬이 전라도에서 국권회복운동을 창도하고 독립의군부를 조직했음.

(자) 1913년 3월, 항일의병항쟁을 주도한 유생들이 대한제국 부활을 주장하며 '독립의군부'를 결성, 함경, 평안, 황해 3도 총사령관에 이세영 취임했음. 고종의 밀지를 받아 항쟁 재흥을 도모했으나 실패했음.

(차) 1914년 4월, 독립의군부 사건 발생했음. 조선총독부가 독립의군부 주동자 대부분을 검거했음. 독립의군부는 각 도에 도순(道巡) 무총장, 각 군에 군수, 각 면에 향장을 배치해 있었음.

위 사건들은 조선 내에 한정한 극히 일부의 의병 사건에 불과하다. 이런 상황에서 일제는 북한산뿐만이 아니라 조선인이 조선의 산림을 소유하는 것을 제한하여 의병 활동의 거점을 모두 봉쇄하려고 나선 것이다.


## 02. 총독부 청사와 조선신궁 건설로 경성부의 풍수지리를 파괴

1912년도 조선총독부 예산에는 '조선신궁 및 총독부 청사 신영조사비로 30,000엔'이 상정되어 있었다.[21] 그리고 조선총독부는 조사를 진행시켜 조선신궁 조영을 위한 1차 진좌지를

---

2 1 「朝鮮神宮の鎭座地選定(조선신궁의 진좌지 선정)」, 『日本建築学会計画系論文集(일본 건축학회 계획계 논문집)』, 제521호, p. 212, 1999. 7.

선정했는데 1915년 두 군데가 선정되었다. 선정 기준으로는 경성부 내에 있고, 후면이 산이고 땅이 넓으며 전망이 좋다는 조건이 있었다.

선정된 두 군데는 다음과 같았다.

(1) 남산 10만 평 부지

(2) 경복궁 안쪽, 북악산 기슭의 10만 평 부지

그러므로 일제와 조선총독부가 경복궁 안쪽에 있는 북악산 기슭에 조선신궁을 건립하겠다는 계획이 존재했다.

그렇지만 경복궁은 이미 1912년 총독부 이관이 결정된 상태였으므로, 만일 경복궁 뒤에 북악산 자락을 조선신궁 진좌지로 정한다면 경복궁을 훨씬 더 헐어버릴 수밖에 없었을 것이다. 결과적으로 조선신궁은 북악산과 마주 보는 남산에 건립하기로 결정되었다. 조선총독부로서는 일본의 정신적 지주인 신궁을 북악산 기슭에 건설하고 싶은 마음이 있었으나, 그럴 경우 조선총독부 건물과 조선신궁을 부각할 때 경복궁을 거의 제거해야 하므로, 일본 왕족에 편입시킨 조선 왕족의 마음과 조선의 민심을 고려하여 그런 결정을 하지 못했다고 여겨진다.

그러나 일제와 조선총독부는 북악산을 배경으로 하는 땅의 풍수지리적 가치를 잘 알고 있었다고 판단된다. 결국 조선신궁은 주작(朱雀)의 위치인 남산에 건립되었다.

그러므로 일제는 현무(玄武)의 위치를 조선총독부로, 주작의
위치를 조선신궁으로 점령하는 작업을 마친 것이다.

[1차 조선신궁 조영계획도]

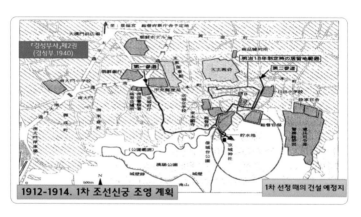

## 03. 북촌과 남촌

한일병합 후 경성은 경북궁 근처인 북촌에 비해 청계천 남
쪽인 남촌만 빠르게 발전한 사실이 있다. 그 이유는 '일제의 경
성도시계획'이 그렇게 작성되었기 때문이었다.

일제는 북촌을 조선인의 거주공간으로 남겨놓았지만, 북촌

에 있는 조선시대의 여러 주요 건물을 철거하거나 해체해 일부만을 흉물처럼 남겨놓고, 경성부청(현, 서울시청), 경성역(구 서울역), 조선총독부(1926년 완공) 등 근대적 건물을 건설하여, 전근대적 조선과 근대화된 일본을 대조해 볼 수 있도록 했다.

그렇게 해서 조선인들의 정신적 정체성을 말살할 계획하에, 일본인들이 집중적으로 거주하게 된 남촌을 근대화시켜 낙후된 북촌과 근대화된 남촌이라는 대조적인 모습을 경성에 출현시켰다.[22]

일제는 우선 한성부를 계승한 경성부 중에서 도성 안, 특히 일본인들이 다수 거주하는 청계천 남쪽의 남촌만을 근대화한다는 계획을 세웠다. 그래도 조선총독부가 속하는 북촌을 경성부에서 제외할 수가 없었으므로 경성부는 성곽 내를 중심으로 축소시킨 것이다.


04. '경성시구개수 사업'과 남촌의 확대

1912년에 발표된 '경성시구개수 사업'은 1913년부터 1929년까

2 2   2005.11. 日韓歷史共同硏究報告書 第3分科篇 上卷(일한역사공동연구위원회 편) 중 논문 「植民地都市イメージと文化現象-1920年代の京城-(식민지도시 이미지와 문화현상-1920 년대의 경성-)」(전우용)위 논문.

지 17년간 지속되었는데, 이 사업으로 29개의 도로가 경성부에서 정비되는 과정 중 많은 조선인이 그들의 집과 토지를 잃었다. 원래 경성부 주민인 조선인들은 경성부의 영역에서 쫓겨났다.[23]

따라서 청계천 북쪽의 종로를 제외하고는 청계천 남쪽 지역인 현재의 을지로 충무로 퇴계로와 경성역부터 용산에 이르는 전체가 일본인의 주거지나 상점 공장 등으로 바뀌었다. 그렇게 해서 경성부는 완전히 일본인의 경성, 일본인의 무대로 바뀌었다.[24]

[경성의 일본인 우세지역]

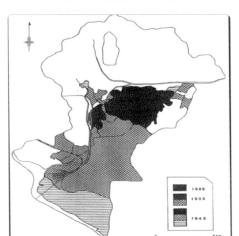

2 3   위 논문.
2 4   위 논문.

[경성의 일본인 우세지역[을 통해 확인되는 것은 청계천을 경계로 북촌과 남촌이 구별되어 있다는 사실이다.

일본인들은 대한제국에 거주하기 시작했을 때부터 남촌을 중심으로 거주했는데, 1925년 이후 남촌은 더욱 남쪽으로 확장되었고, 1942년경에는 현재의 용산과 한강 변까지 확장되었다. 이는 경성역으로부터 남쪽으로 연장된 철도의 방향과 일치했다.[25]

큰 기관이 들어서면서 조선인 거주지 종로에도 일본인 주택이 유입되었다. 1924년에 경성대학교가 문을 열었는데 그 부근인 연건동, 동숭동에는 교수 관사와 함께 일본인 주택지가 들어섰다. 용산 일대 일본인 주택은 조선군 사령부, 20사단 사령부, 육군병원 등의 입지와 깊은 연관이 있었다.[26]

일제는 경성부를 북촌과 남촌으로 양분하면서 전술한 바와 같이 1919년부터 1925년까지 경복궁 전면에 권력의 중심인 조선총독부를 세웠고, 남산에는 정신적 중심인 메이지신궁을 세웠다(1916~1926).

이는 풍수지리적으로는 한민족의 혈, 임금의 존재와 그것을 우러러보는 안산(案山) = 주작(朱雀)의 상징성을 파괴하여 일제의 상징물로 교체하는 사업이었다.

---

2 5  위 논문.
2 6  위 논문.

## 05. 일제에 의한 '시구개수'(시구개정) 사업

일제가 조선에서 근대적 도시계획 기법으로 경성부 등을 개발하기 시작한 것은 1919년 4월 도시계획법 공포 이후이며, 그 이전에는 '도쿄시구개정조례'라는 수단을 활용했다. 즉 일본의 수도 도쿄에서 시행한 '시구개정조례'를 조선의 경성에도 적용한 것이다.[27]

이른바 '시구개정'이란 도시의 도로, 다리, 강을 근대적으로 정비함으로써 구획(block) 별로 건물의 근대화를 도모하는 도시계획의 초보적 수단을 말한다.

1910년 조선의 식민지화를 달성한 일본은 치안 안전과 거류민 보호가 가장 급선무였다. 그러므로 조선총독부는 각 지방에 '시구개정'(시구개수)에 관한 훈령을 내림과 동시에 1912년 11월 6일 조선총독부 관보 제81호에 '조선총독부 고시 제78호'를 게재하였고, '경성시구개수 예정 노선'을 발표하였다.

조선총독부 관보 제186호(일부)'를 보면 '토지수용령'은 '칙재(勅裁)'를 받았다고 기재되어 있다. '칙재'란 다른 기관이 참여하지 않고 일왕이 직접 칙명으로 결정했음을 뜻한다.

처음 제정된 '토지수용령'에는 토지소유자의 권리가 법적으

---

27  孫禎睦、日本強點期都市化過程研究、1996.一志社. p. 384.

로 아주 약했기 때문에 고위관리의 명령을 거스를 수 없어 결과적으로많은 조선인이이 억울하게 소유지를 강탈당한 결과를 초래했다.[28]

[조선총독부 관보(제81호)에 실린 조선총독부 고시 제78호(일부)]

개수 도로는 처음에는 29개 노선이었으나 이후 47개 노선으로 늘어났고, 1913년부터 1929년까지 17년간 공사가 진행되었다. 이 계획이 실시됨에 따라 총 21.3km의 도로가 개수, 정비되었다.[29]

---

28  広瀬貞三,「朝鮮における土地収用令」,『新潟国際情報大学情報文化学部紀要』, 1999, p. 3.
29  京城府, 京城府土木事業概要, 1938, pp. 11~13.

이 작업은 대체로 조선시대부터 이용해 온 도로의 연장, 직선화, 도로 폭 확장, 도로변 정리가 주요 공사였다. 전체 47개 노선 중 25개 노선의 공사가 진행되었는데, 1934년 이후에는 조선시가지 계획령'에 따른 사업으로 바뀌었다.

[조선총독부 고시 제78호에 게재된 '경성시구개수 예정 노선도'(1912)]

第4図　京城市区改修予定路線　(1912)

그리고 '조선총독부 고시 제78호'가 공포되기 1년 반 정도 전인 1911년 4월 '토지수용령'이 제령으로 공포되었고 일제는 강제로 조선인의 많은 토지를 빼앗았다.

朝鮮總督府官報　第百八十六號

〇制令

土地收用令明治四十四年法律第三十號第一條及第二條ニ依リ勅裁ヲ得タ茲ニ之ヲ公布ス
明治四十四年四月十七日
朝鮮總督　子爵　寺内　正毅

制令第三號
土地收用令

第一條　公共ノ利益ト為ス事業ノ為必要アルトキハ本令ニ依リ土地ヲ收用又ハ使用スルコトヲ得

第二條　土地ヲ收用又ハ使用スルコトヲ得ル事業ハ左ノ各號ノ一ニ該當スルモノナルコトヲ要ス
一　國防其ノ他軍事ニ關スル事業
　　官廳又ハ公署建設ニ關スル事業
二　教育、衛生又ハ慈善ニ關スル事業
三　鐵道、軌道、道路、運河、用惡水路、河川、堤防、砂防、水道、下水、電氣、瓦斯又ハ火葬場ニ關スル事業
四　船渠、港灣、埠頭、碇繫、防波、防火、水害豫防ニ關スル事業
五　測候、航路標識、衞生、測量標ニ關スル事業

第三條　土地ヲ收用又ハ使用スルニ因リ國家又ハ公共團體ニ於テ施設スル工作物其ノ他公共ノ用ニ供スル為必要ナル土地ハ之ヲ收用又ハ使用スルコトヲ得

第四條　土地ノ收用又ハ使用ハ朝鮮總督之ヲ認定ス
　　前項ノ認定ヲ受ケムトスル者ハ朝鮮總督ノ定ムル所ニ依リ願書ニ其ノ事業ニ關スル書類ヲ添ヘ地方長官ヲ經由シテ朝鮮總督ニ之ヲ差出スヘシ

第五條　起業者前項ノ認定ヲ受ケタルトキハ其ノ旨ヲ官報ニ告示シ且地方長官ハ之ヲ告示スヘシ

第六條　起業者ハ認定ノ告示アリタル後ニ非サレハ起業地ニ立入リ測量シ又ハ障害物ヲ除却スルコトヲ得ス但シ官有地ニ付テハ此ノ限ニ在ラス
　　前項但書ノ場合ニ於テハ主務官廳ノ認定ヲ受クヘシ

第七條　土地ノ認定アリタルトキハ使用スルコトヲ得
　　前項ノ使用期間ハ六ケ月ヲ超ユルコトヲ得ス
　　第一項ノ收用又ハ使用ニ關シ關係人ノ受ク可キ損失ハ起業者之ヲ補償ス

朝鮮總督府官報（日刊）第一八六號　明治四十四年四月十七日

그러므로 '시구개수'의 결과에 포함되어 있는 의미를 보면 다음과 같다.

우선 개수노선은 조선시대 기존 노선을 확장 연장 직선화 한다고 결정하기만 하면 '토지수용령 제1조'에 있는 '공공의 이익을 위한 사업'이라는 핑계로 경성부의 중심지 땅을 싼 비용으로 빼앗을 수 있었다는 매우 악덕한 측면을 갖고 있었다. 공공의 이익을 내세우는 조선총독부 관리 앞에서 조선인들이 항의할 수 있는 법적 제도가 전혀 마련되어 있지 않은 것이 '토지수용령'이었기 때문이다.[30] 공사를 진행한 노선은 대체로 종로에서 청계천 남쪽의 일본인 거류지를 연결하는 남북 노선이 많으며 특히 일본인 거류지의 토지 나누기가 중심이 되었다. 따라서 지금의 을지로, 충무로 일대의 주거환경이 정비되고 남북 노선이 연결됨에 따라 경성부의 가로망은 '경성 시구 개수 예정 노선도'(1912)처럼 격자 모양을 갖추게 되었다.

1912~1919년 사이에 나타난 또 다른 특징은 조선시대의 역사적 유적과 민족성의 표상이 되는 곳에 대한 훼손이다.

예를 들어 ① 돈화문에서 원남동에 이르는 노선으로 인해 창덕궁과 태묘(太廟=종묘)가 분리되거나, ② 경희궁(현, 서울시립박물관)과 경운궁 앞면이 도로 확장을 위해 잘리기도 하고, ③ 남대문, 서대문, 동대문, 광희문(光熙門) 양쪽으로 이어지는 성이 파괴되기도 했다.

그 밖에 병력이동이나 치안을 위해 ① 광화문과 조선은행(현, 한국은행 본점) 앞 광장에 방사형 도로를 조성하거나, ② 광화문~남대문~경성역(서울역)을 잇는 큰길(1913~1918)과 경성역~속자동(1919~1928)을 잇는 큰길 등이 만들어졌다.[31]

특히 광화문에서 속자동까지의 노선은 훗날 현재의 용산과

---

3 0    위의 논문.
3 1    김기호, "일제시대 초기의 도시계획에 대한 연구", 서울학연구, 6호, 1995년 서울시립대학교, p. 53.

연결되었고, 용산 주둔 병력을 이동시키는데 편리한 통로 역할을 했다. 병력 동원은 경성의 중심부에서 일어난 조선 민중과 노동자들의 독립운동을 진압하기 위해 간혹 이루어졌다. '시구개수' 사업의 무단성은 결국 종래의 조선인 중심상가인 종로로부터 일본인 중심상가인 충무로로의 상권 대이동을 의미했다.

이 사업은 1934년 '조선 시가지 계획령'이라고 불리는 도시계획 법률에 의해 이뤄졌는데, 1936년 서울의 행정구역이 영등포까지 포함되자 공장과 주거지도 경성 → 용산 → 노량진 → 영등포 → 인천으로 방향이 집중되었다. 전술한 바와 같이 이 축은 일본이 중국 진출에 쉽게 접근할 수 있는 루트가 되었다.

## 06. 일제가 '시구개수'(시구개정)를 실시한 지역

(1) 일본 최초의 도시계획제도는 '도쿄시구개정조례'로 일본 본토에서는 도쿄에만 적용되었다. 그리고 식민지에서는 조선의 경성부와 타이완의 타이베이에 적용되었다. [32]

(2) 『조선총독부 시정연보 1941년판』: 경성부에 대한 '시구개정'을 3기로 나누어서 해설했다. [33]

---

3 2　고토 야스시(五島寧): 「計画技術・制度としての市区改正に関する京城・台北の比較研究」, 都市計画論文集, 34巻, pp. 865～870(1999).

3 3　『朝鮮総督府施政年報昭和16年版』, 354쪽. アジア歴史資料センター、レファレンスコード(reference cord) : A06032016600.

① 제1기 경성시구개정(1911~1919): 예정된 44노선 중 13노선의 공사를 완료했다. [34]

② 제2기 경성시구개정(1919~1929): 12노선을 추가 선정해서 그 중 9노선의 공사를 완료했다. [35]

③ 제3기 경성시구개정(1929~1936): 제2기에서 남은 3노선에 2노선을 합해 총 5개 노선의 공사를 완료했다. [36]

④ 1911~1936년까지 총 27개 노선의 공사를 완료했다. [37]

## 07. 도쿄시구개정을 본뜬 경성시구개정

1914년의 지방행정구역 변경으로도 부(府)는 기존 12부가 신제도하에서도 그대로 부(府) 명칭을 가졌다.

그러나 부의 구역은 시가지 부분에 한정되었다. [38] 이것이 1914년 지방행정구역 변경 시 신제도의 특징 중 하나다. 그때 까지는 12부가 주변 농촌부를 포함해서 군(郡)에 버금가는 규모를 지니고 있었지만, 새로운 부역(府域)은 현저하게 축소되었

---

34  위 같은 문서, 354쪽.
35  위 같은 문서, 354쪽.
36  위 같은 문서, 354쪽.
37  위 같은 문서, 354쪽.
38  山田正浩, 「朝鮮に沿ける一九一四年の行政□□改正について」, 4~5쪽.

다.[39] 부역을 시가지로 한정하는 것은 당시 일본 본토의 시역(市域) 방식이라 할 수 있다.[40] 부에는 지방 행정구역 중 먼저 지자체로서의 기능을 부여할 예정이었고, 그 범위를 일본인이 집중적으로 거주하는 시가지 부분으로 한정하려고 한 것이다.[41]

1914년의 지방행정구역 개편 이전에 경성부의 면적은 193.69㎢였으나 개편 이후는 전술한 바와 같이 36.18㎢가 되었다.[42] 이 수치는 경성부의 약 81%가 축소되었음을 의미한다. 그러므로 1914년의 지방행정구역 개편으로 경성부의 면적은 한성부였던 시대의 1/5 정도가 되어 버렸다.

행정구역 개편에 따라 경성부의 인구도 31.7만 명에서 24.8만 명으로 약 6.9만 명 줄어들었다.[43] 그런데 경성부 전체 인구는 줄어들었지만 경성부의 일본인 인구는 오히려 약 3,000명 늘어났다.[44] 즉, 행정구역 개편으로 감소한 경성부의 인구는 조선인의 인구였고 이들 중 상당수는 원래 경성부의 도성 밖에서 거주하던 사람들이다. 혹은 일제에 의한 토지수용령으로 토지를 몰수당해 경성부로부터 추방당한 사람들이다.

---

39  위의 논문.
40  위의 논문.
41  위의 논문.
42  邪基柱,「朝鮮時代と日本植民時代のソウル—景観変化を中心に—」『東アジアの都市形態と文明史』 21巻, 317쪽, 2004.
43  위의 논문.
44  위의 논문.

이에 반하여 일본인은 원래 대부분 도성 내부에 거주했기 때문에 행정구역의 축소 이후에도 경성부에서의 일본인 인구는 늘어난 것이다.

즉, 조선총독부에 의한 경성부 축소는 어디까지나 일본인을 위한 것이었고, 도성을 중심으로 시구개정 작업을 하기 위한 축소였다. 결과적으로 조선총독부가 북한산을 경성부에서 제외시킨 1914년 결정의 배경에는 시구개정 작업이 있었고 이 작업으로 조선총독부는 경성부의 범위를 주로 도성 안에 한정하려고 한 것이다. 그 결과 북한산은 경성부에서 제외되었고 경기도 고양군 소속이 된 것이다.

북한산 역사 회복

# 제3장

# 칙령 제375호와
# 1914년 경성부 축소

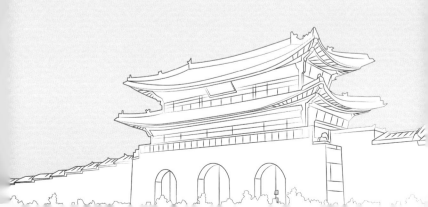

## 01. 칙령 제375호 토목회의관제와 정무총감

경성부 축소에 결정적 영향을 미친 시구개정에는 조선총독부 토목회의(이하, 토목회의)가 관여되어 있다. 토목회의관제는 1910년 9월 29일 칙령 제375호로 아래와 같이 정해졌다.

[조선총독부 토목회의관제 첫 번째 페이지(칙령 제375호, 1910년 9월 29일)]

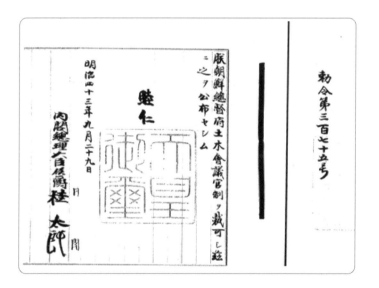

번역

칙령 제375호
짐 조선총독부 토목회의관제를 재가하여 즉시 이것을 공포함
일왕 무쓰히토 옥새
메이지 43년(1910) 9월 29일
내각총리대신 후작 가쓰라 다로

[조선총독부 토목회의관제 두 번째 페이지]

勅令第三百七十五號

朝鮮總督府土木會議官制

第一條 朝鮮總督府土木會議ハ朝鮮總督ノ監督ニ屬シ河川、道路、港灣、航路標識、鐵道、輕便鐵道、軌道、電氣事業及上下水道ニ關スル制度、計畫、設備其ノ他土木ニ關スル重要ナル事項ヲ調査審議ス

第二條 土木會議ハ會長及委員ヲ以テ之ヲ組織ス

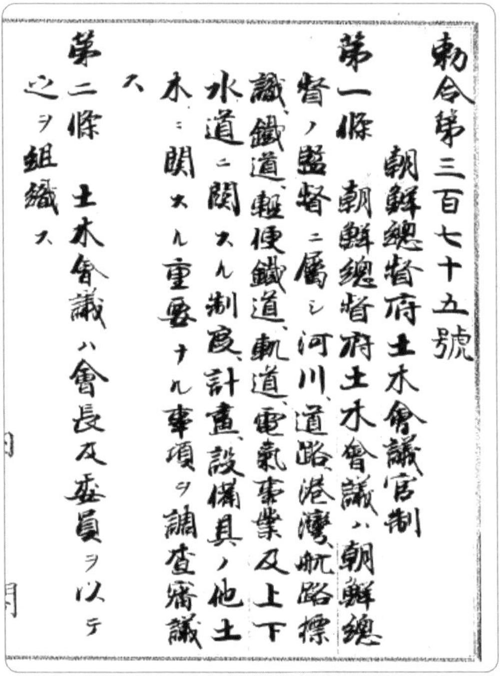

칙령 제375호
조선총독부 토목회의관제
제1조 조선총독부 토목회의는 조선 총독의 감독에 속하여 하천, 도로, 항만, 항로표식, 철도, 경편철도, 궤도, 전기사업 및 상하수도에 관한 설계, 계획, 설비구, 기타 토목에 관한 중요한 사항을 조사 심의한다.
제2조 토목회의는 회장 및 위원으로 조직한다.

[조선총독부 토목회의관제 세 번째 페이지]

第三條　會長ハ朝鮮總督府政務總監委員ハ朝鮮總督府警務總長道局長官通信局長及ビ朝鮮駐剳軍參謀長ヲ以テ之ニ充ツ其ノ他ヨリ朝鮮總督府高等官ノ中ヨリ委員ハ朝鮮總督之ヲ命ス

第四條　會長ハ會務ヲ總理ス會長事故アルトキハ朝鮮總督ノ指定シタル委員其ノ事務ヲ代理ス

第五條　土木會議ニ幹事二人ヲ置キ朝鮮總督府高等官ノ中ヨリ朝鮮總督之ヲ命ス

幹事ハ會長ノ指揮ヲ承ケ庶務ヲ掌理ス

第六條　土木會議ニ書記ヲ置キ朝鮮總督府判任官ノ中ヨリ會長之ヲ命ス書記ハ會長及幹事ノ指揮ヲ承ケ庶務ニ從事ス

附則
本令ハ明治四十三年十月一日ヨリ之ヲ施行ス

제3조 회장은 조선총독부 정무총감, 위원은 조선총독부 각 부방, 철도국 장관, 통신국장 및 조선 주차(駐箚)군 참모장으로 충당한다. 기타 위원들은 조선총독부 고등관 중에서 조선 총독이 명한다.

(중략)

부칙 본령은 메이지 43년(1910) 10월 1일부터 시행한다.

이상, 일왕의 재가로 1910년 10월 1일부터 조선총독부 토목회의가 발족되었고 조선 총독의 감독하에 조선의 <u>하천</u>, 도로, 항만, 항로표식, 철도, 경편철도, 궤도, <u>전기사업 및 상하수도에 관한 설계, 계획, 설비구</u>, 기타 토목에 관한 중요한 사항을 조사 심의하게 되었다.

즉, 경성부의 시구개정은 토목회의의 조사, 심의 결과로 이루어진 것이다. 토목회의의 총책임자는 조선 총독이었고 실무 책임자는 토목회의 회장이었다. 토목회의 회장은 <u>조선총독부 정무총감</u>(이하, 정무총감)이 맡았다.

정무총감은 조선 총독에 이어 총독부 서열로 두 번째에 해당하는 지위를 지니고 있었고 총독의 감독하에 있었다. 초대 정무총감은 야마가타 이사부로(山縣伊三郎)였고 1919년까지 정무총감을 지냈다.[45] 즉, 1912년 시작된 경성부의 시구개정과 1914년의 경성부 축소 때의 정무총감이 야마가타 이사부로였

---

4 5   山縣伊三郎 : https://ja.wikipedia.org/wiki/%E5%B1%B1%E7%B8%A3%E4%BC%8A%E4%B8%89%E9%83%8E

다. 정무총감은 조선 총독의 자문기관 중추원(中樞院) 의장도 겸임하게 되어 있었기 때문[46]에 야마가타 이사부로는 중추원 의장도 지냈다.

정무총감에 대해 살펴보면, 한일병합 후 한국통감부의 부통감을 정무총감으로 호칭했다. 정무총감은 총독의 보좌역으로서 서무 일체를 총괄했으며, 각 부서의 사무를 감독하였다.

그러나 총독을 대리할 권한이 없었기 때문에 결국 조선 총독이 모든 총독부 행정을 통괄했다. 총독부의 정책이 결정되는 정례국장회의에서 전술한 바와 같이 정무총감이 의장을 맡았다. 그리고 총독부의 예산 심의를 위해 일본 본토의 제국의회에서 정부 위원으로 출석한 사람도 정무총감과 재무국장이었다.[47]

중요한 총독부 소속 부처의 장도 정무총감이 겸임했다. 병합 초기에는 총독부 자문기관인 중추원 의장과 국유지 국유림 확정 사업을 담당한 임시토지조사국, 임야조사위원회 등 중요 사업의 장을 맡았다. 그 외에도 조선사편수회, 임시교육조사위원회 등의 장과 전시체제 시기에는 조선의 대정익찬(大政翼贊) 운동을 지도하는 국민총력지도위원회 위원장도 정무총감이 맡았다.[48]

---

46  御署名原本・明治四十三年・勅令第三百五十五号・朝鮮総督府中枢院官制, アジア歴史資料センター(https://www.jacar.archives.go.jp), Reference cord : A03020866800.

47  정무총감: https://www.jacar.go.jp/glossary/term2/0050-0020-0020-0010-0010.html

48  위의 사이트.

정무총감에게는 총독을 대신할 권한은 없었기 때문에 정무총감은 총독을 대신하여 회의에 참석해 회의내용을 총독에게 보고하여 재가를 얻는 역할이었다. 결국 조선에 관한 모든 정무는 조선 총독이 결정해 나갔기 때문에 조선은 조선 총독의 독재체제였다.[49]


## 02. 조선총독부의 의사결정 과정과 공문서 폐기

조선총독부의 의사결정 기관은 조선총독부 정례국장회의였다. 조선총독부의 정책은 바로 정례국장회의에서 결정되었다.[50]

조선총독부는 내부에 세입과 세출을 담당하는 재무국이 있었으나 조선총독부의 예산심리는 일본 본토의 제국의회에서 실시했다. 그러므로 조선총독부는 일본 본토의 제국의회에서 조선의 예산에 관해 설명을 해야 했다. 그때는 전술한 바와 같이 조선총독부 정무총감과 재무국장이 제국의회에 참석했다. 그러나 일본의 패전 후 조선총독부 자료는 대부분 소각되어 제국의회에서의 조선총독부 설명자료 자체가 거의 남아 있지

---

49  위의 사이트.
50  위의 사이트.

않다.[51]

현재 남아 있는 조선총독부의 '제국의회 설명자료'는 전시기(1932~1945) 자료가 중심이라고 알려져 있었다.[52] 1998년 일본의 후지(不二)출판이 발간한 『조선총독부 제국의회설명자료』 제11~17권(2015)은 1917년부터 1925년까지의 제국의회에서 조선총독부가 설명한 의사록을 수집한 자료집이다. 그렇지만 이 자료집에는 1910년부터 1914년까지의 자료가 없다.[53]

한국에서 출판된 『제국의회 일본중의원 의사속기록(조선관계 발췌)』(1991)는 1907년부터 1945년까지 일본 제국의회 중의원에서 논의된 대한제국과 조선에 관한 의사속기록이 수록되어 있다. 이 속기록 속에는 1910년부터 1914년까지의 조선에 관한 제국의회에서의 질의응답이 수록되어 있으나 경성부 축소에 관한 내용이 포함되어 있지 않다.

이렇게 자료가 부족한 이유 중 하나는 역시 1945년 8월 15일 일본의 패전 이후 문서 폐기 작업 때문으로 판단된다.

즉, 조선총독부의 많은 자료가 패전과 함께 소각, 폐기되었다. 이 사실은 일제의 패전 당시 조선총독부의 내부사정을 아

---

5 1  大西裕, 「朝鮮総督府『帝国議会説明資料』」, 『1940年代の東アジア』, 1997, 88頁. https://ir.ide.go.jp/?action=pages_view_main&active_action=repository_view_main_item_detail&item_no=31444&item_no=1&page_id=39&block_id=158

5 2  위의 논문, 87쪽.

5 3  국립중앙도서관. https://www.nl.go.kr/NL/contents/search.do?pageNum=1&pageSize=30&srchTarget=total&kwd=%E5%B8%9D%E5%9B%BD%E8%AD%B0%E4%BC%9A#!

는 인물들에 의한 증언으로 알 수 있다.[54] 1914년의 경성부 축소의 경위에 대해서도 상세한 문서가 발견되지 않는 이유는 바로 1945년 8월 15일 이후 조선총독부 내부에서 조직적으로 문서 폐기가 이루어졌기 때문이다.

조선총독부에서는 총독부 관방문서과가 총독부 문서와 지방에서 총독부로 발송된 문서를 보관하는 역할을 담당했다.[55] 그리고 총독부는 그런 문서를 '총독부공문목록'에 보관했지만 '총독부공문목록'은 현존하지 않는다. 역시 패전과 함께 조직적으로 총독부에 의해 폐기된 것이다. 패전 전후 시기에 조선에서 국민총력조선연맹에 근무한 모리타 요시오(森田芳夫)는 10여 일 동안 일본인들이 총독부 문서를 소각했다고 그의 저서 『조선종전의 기록-미소양군의 진주와 일본인의 철수(朝鮮終戦の記録－米ソ両軍の進駐と日本人の引揚)』(1964) 속에서 증언했다.[56]

물론 총독부로부터 다른 곳으로 일부 유출된 문서가 어느 정도 남아 있기도 하다. 그러나 총독부의 기본정책이나 정책결정과정을 알 수 있는 문서는 특히 중점적으로 폐기된 것으로 보여 그런 중요문서들이 거의 남아 있지 않다.[57]

---

54  村上勝彦, 「第1部 史料状況 韓国所在の朝鮮総督府文書」, 『1940年代の東アジア』, 1997, 15頁, https://ir.ide.go.jp/?action=pages_view_main&active_action=repository_view_main_item_detail&item_id=31441&item_no=1&page_id=39&block_id=158위의 논문, 13쪽.
55  위의 논문, 13쪽.
56  위의 논문, 15쪽.
57  위의 논문, 27쪽.

그러나 조선총독부 정책이 정례국장회의에서 결정되었다는 사실이 확인된다. 그러므로 정례국장회의의 위원들과 책임자인 정무총감이 정책을 결정하여 그것을 조선 총독이 재가하는 것이 조선총독부의 정책결정과정이었다.

필요하면 결과를 일본의 내각 총리를 거쳐 일왕의 재가를 얻어 확정하는 시스템이 조선총독부의 의사결정 시스템이었음을 알 수 있다.

조선 총독에 대한 자문기관이 중추원이었고 중추원의장은 정무총감이었다.

1910년 중추원 설립 시에는 부의장에 김윤식, 고문에 이완용, 박제순, 고영희, 조중응, 이지용, 권중현, 이하영, 이근택, 송병준, 임선준, 이근상, 이용직, 조희연 등이 임명되었다. 거의 모두 친일파로 알려진 인사들이다.

2002년 발표된 친일파 708인 명단에 중추원 관계자가 다수 포함되었고, 2005년 민족문제연구소가 '친일인명사전'에 수록하기 위해 정리한 '친일인명사전' 수록 예정자 명단에도 335명의 중추원 관련자들이 포함되었다.[58]

조선총독부 정책에 대한 자문기관 중추원의 의장이 정무총감이었고 중추원의 고문들은 모두 친일파 조선인들이었기 때

---

58   조선총독부 중추원: https://ja.wikipedia.org/wiki/%E6%9C%9D%E9%AE%AE%E7%B7%8F%E7%9D%A3%E5%BA%9C%E4%B8%AD%E6%9E%A2%E9%99%A2

문에 결국 조선에 대한 정책이 조선 총독의 독재 권력에 의해 정해졌다.


## 03. 경성 도시구상도

1910년대 조선총독부 사법부장관을 지냈고 토목회의 위원이기도한 구라토미 유사부로(倉富勇三郎)의 집에서 '경성도시구상도'라고 쓰인 그림 한 장이 발견되었다. 토목회의 시에 토목회의 위원이었던 사람들에게 배포된 그림일 것이다.[59]

아래의 '경성 도시구상도'(이하, 도시구상도)를 보면 경성이라는 도시는 북악산으로부터 남산까지의 도성을 중심으로 설계되었다는 것을 알 수 있다. 즉, 북한산을 제외한 경성부의 1914년 행정구역 변경을 미리 보여주는 그림설계도가 바로 '도시구상도'인 것이다.

---

59  서동제 기타, 「京城都市構想図」に関する研究", 日本建築学会計画系論文集第78巻、第687号,2013.1179頁. https://www.jstage.jst.go.jp/article/aija/78/687/78_1179/_pdf

## [경성 도시구상도]

'도시구상도'는 독일 건축가 '게오르게 데 라란데'(George de Lalande, 1872~1914)가 제작한 것으로 추정된다. 데 라란데는 1912년부터 조선총독부 건물의 설계를 시작하여 1914년 8월 설계가 미완성인 채 갑자기 세상을 떠났다.[60]

데 라란데는 1872년 9월 6일 독일제국을 구성하는 프로이센왕국 힐슈베르크(현, 폴란드 예레냐그라)에서 태어났다. 1894년 훗날의 베를린공과대학을 졸업한 후, 독일인 건축가로서 초

---

6 0  위 논문, 1181쪽.

청받아 1903년 일본 요코하마로 건너가 건축설계사무소를 인계했다.[61]

데 라란데는 요코하마뿐 아니라 도쿄 교토 오사카 고베, 그리고 일제강점기의 조선 등지를 돌며 일을 했다. 그 공로로 1913년 모국 프로이센으로부터 '로열아키텍트 명예 칭호'를 받았다.[62]

그는 조선총독부 설계 일로 경성에 출장 중 폐렴으로 쓰러졌다가 도쿄로 돌아가 1914년 8월 5일 도쿄에서 사망했다.[63]

데 라란데가 설계한 조선의 건축 작품으로서는 조선호텔 구관(경성, 1916년 완성, 현존하지 않음), 조선총독부(데 라란데가 기본 설계. 일본인 건축가 노무라 이치로, 구니에다 히로시가 설계작업을 계승, 1926년 완성. 1995년 해체), 경성역(1925년 준공, 현존하지 않음) 등이 있다.[64]

데 라란데는 초대 조선 총독 데라우치 마사타케와도 친한 관계였고 데라우치의 신 저택을 설계하기도 했다.[65] 조선에서의 독재적 위치에 있던 데라우치 총독과의 개인적인 관계도 데 라란데가 경성도시계획에 참여한 요인이 되었을 것이다.

'도시구상도'의 왼쪽 하단에 데 라란데의 이름 George de

---

6 1    데 라란데: https://ja.wikipedia.org/wiki/ゲオルグ・デ・ラランデ
6 2    위의 사이트.
6 3    위의 사이트.
6 4    위의 사이트.
6 5    서동제 기타, 전게 논문, 1181쪽.

Lalande의 머릿글자 G, d, L을 사용한 같은 로고가 있다.

[G, d, L로 만든 로고]

그러므로 '도시구상도'는 데 라란데의 제작이라고 추정된다. 그리고 '도시구상도'에 그려진 조선호텔과 우체국의 형태로 볼 때 이 '도시구상도'는 1912년 11월부터 1913년 8월 사이에 제작되었다고 전문가들은 추정한다.[66]

1912년부터 시작된 시구개정은 경성부의 시가지에 한정해서 실시되었고 1914년 경성부는 '도시구상도'와 똑같은 구역으로 범위가 축소되었다. 즉, 경성부 축소에 직접적으로 관여한 사람들은 조선 총독의 감독하에 있던 토목회의 사람들이었다. 그 토목회의는 데 라란데가 제작한 '도시구상도'대로 1914년 경성부에서 북한산을 제외하였고 경성부를 대폭 축소했다.

조선총독부의 구조상 그 계획을 심의한 것이 정례국장회의고 이를 재가한 조선에서의 최종책임자는 일왕이 임명한 조선

---

66  위 논문, 1182쪽.

총독 데라우치 마사타케였다. 그리고 이런 '경성도시계획' 관련 예산을 보고받고 승인한 기관이 일본의 제국의회였다.

## 04. 1914년 경성부 축소에 관한 잠정적 결론

(1) 1914년 경성부 축소의 구체적 계획수립자는 조선총독부 토목회의이고 일왕의 신임 하에 조선 총독과 조선총독부 정무총감이 책임을 지고 시구개정작업을 토대로 경성부 축소를 결정했다. 이와 관련한 예산은 일본 본토의 제국의회에 보고되었다.

(2) 1914년 경성부의 범위는 시구개정을 실시하는 도시의 범위로 한정되었고 그 범위는 도성 내와 일본군이 주둔하는 용산으로 정해졌다. 1914년 경성부는 1910년까지 존재한 한성부 면적의 1/5 정도로 축소되었다.

(3) 1914년 축소된 경성부의 범위를 그림 설계도로 보여준 '경성도시구상도'는 독일 건축가 데 라란데에 의해 1912년 11월부터 1913년 8월 사이에 제작되었다. '경성도시구상도'를 보면 새로운 경성부란 북한산을 제외한 북악산 이남의 도성부를 중심으로 하는 지역이었다. 이 '경성도시구상도'가 사실상 경

성부 축소의 청사진이었다.

(4) 조선총독부는 북한산을 경성부에서 제외했고, 도성 내를 중심으로 한 경성부의 시가지와 일본군이 주둔하는 용산만을 경성부로 정해 경성부를 대폭적으로 축소했다.

(5) 위와 같은 의사결정은 조선총독부 정례국장회의에서 결정되고 그 예산안은 일본 제국의회에 보고되는 것이 당시의 경로이지만, 패전 시에 조선총독부와 일본 정부가 많은 공문서를 소각, 폐기했으므로 세세한 부분에 대해서는 현재 확인이 어려운 점이 아쉽다.


## 05. 도쿄시구개정과 데 라란데

일본에서는 1888년 내무성에 의해 '도쿄시구개정조례'(칙령 제62호)가 공포되어 '도쿄시구개정위원회'가 설치되었다. 1888년 8월 일본 정부 내각에서 '도쿄시구의 영업 위생 화재 예방 및 통운 등 영구적인 편의를 도모한다'는 취지로 '도쿄시구개정조례'가 결정되어 공포되었다.[67]

즉, '도쿄시구개정조례'는 일본의 내각에서 각료회의(국무회

---

67　国立公文書館、デジタル展示、「変貌」 : http://www.archives.go.jp/exhibition/digital/henbou/contents/32.html

의)를 통해 결정되었다.[68] 그러므로 경성부의 시구개정 결정에도 이와 유사한 의사결정과정이 있었고 그것이 전술한 정례국장회의였다.

이후 도쿄에서는 1889년 위원회의 계획안이 공시되면서 사업이 시작되었으나 재정난 때문에 진행은 지지부진했다.

그러나 도쿄의 도시화가 진전되면서 사업을 조기에 진행할 필요가 생겨 1903년 계획을 대폭 축소한 새로운 설계가 완성되었다. 1906년 도쿄시는 임시 시구개정국을 설치했고 외채를 모집하여 니혼바시 대로(日本橋大路) 등의 정비를 서둘러 추진했다. 그렇게 하여 1914년 새로운 설계대로 사업이 대부분 완료되었다.[69]

이러한 도쿄의 시구개정을 따라가면서 경성시구개정이 1911년부터 시작되었고 1914년 조선의 지방행정구역 개편으로 경성부는 그 규모를 시가지에 한정하는 형태로 축소되었다.

'경성도시구상도'를 제작한 데 라란데는 1903년부터 일본의 도쿄, 요코하마 등 도시에서 건축설계를 했기 때문에 도쿄시구개정에 대해서는 잘 알고 있었을 것으로 추측된다.

---

68   国立公文書館 문서, 「東京市区改正条例及東京市区改正委員会ノ組織権限ヲ定ム」、請求番호 : 類00380100, http://www.archives.go.jp/exhibition/digital/henbou/contents/photo.html?m=32&ps=1&pm=10&pt=10

69   市区改正 : https://ja.wikipedia.org/wiki/%E5%B8%82%E5%8C%BA%E6%94%B9%E6%AD%A3

1906년부터 1914년까지의 도쿄시구개정으로 주로 노면전차 개통을 위한 도로 폭 확장과 상수도 정비가 이루어졌다.

일왕이 사는 황거 부근이 도쿄 시가지의 중심이었으므로 간다(神田) 니혼바시(日本橋) 교바시(京橋) 부근의 도로 폭 확장이 우선 진행되었고 이와 함께 목조의 서양식 건축물이 건설되어 사람들의 시선을 끌었다.[70]

데 라란데는 1910년 도쿄 신주쿠에 자신의 저택을 건축했다.[71] 그러므로 데 라란데는 도쿄시구개정도 목격하였고 자신과 깊이 관련된 분야이므로 큰 관심을 갖고 있었을 것이며 도쿄시구개정을 염두에 두고 1911년 조선으로 건너왔다. 그 후 그는 경성과 도쿄를 왕래하며 일을 했고 경성부 축소에 깊이 관여하였다.

---

70  위와 같은 디지털 문서.
71  데 라란데 저택 : https://www.tatemonoen.jp/restore/record/place03.php

북한산 역사 회복

제4장

# 칙령 제정 과정과
# 경성부 축소

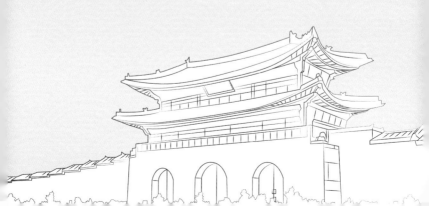

지금까지 살펴본 바와 같이 일왕이 '조선총독부 관제'에 관한 칙령을 발령하여 1910년 9월 26일 일본 제국의회는 '조선총독부 관제'를 의결해 조선에 조선총독부를 두었다.

　　본 장에서는 일왕의 칙령이 내려질 때까지 일제 내의 의사결정시스템에 대해 살펴보도록 한다. 그 목적은 조선 총독의 결정 사항이 일본 내각총리대신을 거쳐 일왕의 재가가 필요했음을 분명히 하기 위함이다.


## 01. 통치 기구를 규정하는 법체계와 행정문서

　　1945년 이전, 대일본제국헌법 아래 일본 행정조직의 기본적인 틀은 1893년 공포된 칙령 '각성 관제 통칙(各省官制通則)'[72]에 의해 정해졌다.

　　'각성 관제 통칙'에는 각 조직이 공통적으로 마련해야 할 관직이나 지휘명령 계통이 규정되어, 각 성(省)별 관제가 제정되었다. 이 관제는 '대일본제국헌법' 제10조를 근거로 한 일왕의 관제대권에 의해 칙령으로 규정되었다.

---

72　각성 관제 통칙(各省官制通則): 일본 내각의 통제 하의 행정기관 조직의 기준을 정하여 국가 행정사무의 능률적인 수행을 위하여 필요한 국가행정조직을 정비함을 목적으로 한 법률. 1948년 국가행정조직법이 이를 대신하게 되었다.

1910년 조선의 통치 기구가 된 조선총독부도 칙령 '조선총독부 관제'[73]에 의해 결정되었다. 다만, '조선총독부 관제'에서 규정된 내부조직의 편성은 각 국(局) 수준까지였고 과의 설치와 담당 사무에 대해서는 조선 총독이 제정하는 훈령[74] '사무분장규정(事務分掌規程)'에 따랐다. '조선총독부 관제'는 1910년 9월 30일에 '칙령'으로 일왕이 제정한 후 1945년 5월까지 51번 개정되었다.

## 02. 칙령 발령까지의 의사결정 시스템

관제의 제정 및 개정은 일왕의 명령인 칙령이라는 법 형식으로 발령되었기 때문에 법률과는 달리 제국의회의 심의를 거치지 않고 성립하도록 되어 있었다. 관제를 둘러싼 제정 내지 개정 과정은 일본 국립공문서관에 소장되어 있는 '공문류취(公文類聚)' '추밀원(枢密院)[75] 관계문서'로 파악할 수 있다.

'공문류취'는 1882년부터 1954년까지의 기간 동안 주로 법

---

73  国立公文書館所蔵, 「朝鮮総督府官制・御署名原本・明治四十三年・勅令第三百五十四号」, 御○八五四七一○○(JACAR Ref.A03020866700).

74  訓令: 상급관청으로부터 하급관청 및 직원에 대한 명령이며(상사에 의한 명령), 하급관청 및 직원은 이에 따라야 한다.

75  枢密院(추밀원): 1888년 구 헌법(대일본제국 헌법) 초안 심의를 위해 설치되어, 구 헌법에도 규정된 일왕의 자문기관.

률 칙령 등의 원의(原議)를 보관한 것으로 내각 각료회의[76] 결정까지의 심의과정에 작성된 문서가 수록되어 있다. 패전 시 폐기되지 않은 문서들이 일부 남아 있는 셈이다.

'공문류취'에 수록된 각 안건에는 첫 장에 각료회의 결정에 대한 일왕에의 상주(上奏)안이 담겨져 있다. 조선총독부 등 식민지 행정기관과 관련된 안건은 내각에서 각료회의 의결 후 상주안이 작성되었다. 그런 과정으로 추밀원 자문절차를 거쳐 일왕의 재가 후 칙령으로 공포되었다. 이하, '조선총독부 관제'가 제정되기에 이르는 과정을 실례로 살펴보기로 한다.

## 03. '조선총독부 관제'가 제정되기에 이르는 과정

'조선총독부 관제'는 1910년 9월 30일 칙령 제354호로 일왕이 제정하였다. 조선총독부 관제 제정에 앞서 같은 해 9월 11일, 아직 통감이었던 데라우치 마사타케(寺内正毅)가 조선총독부 관제안을 내각총리 가쓰라 다로(桂太郎)에게 상신(上申)하였다.[77]

---

76  한국의 국무회의와 같다.
77  国立公文書館所蔵「朝鮮総督府官制○朝鮮総督府特別会計二関スル件ヲ定ム附 朝鮮総督府通信官署二於ケル現金ノ出納二関スル勅令案二対スル枢密院決議」, 類 ○一○九二一○○一○○二（JACAR Ref.A01200054900,「公文類聚」第三十四編・明治四十三年・第五巻・官職門四・官制四（朝鮮総督府).

[그림 4-1]

번역

비(秘) 제16호
별지 조선총독부 관제 외 3건 공포의
건을 검토해 주시기를 청합니다.

메이지 43년(1910) 9월
통감 자작 데라우치 마사타케
(寺內正毅)

　가쓰라 다로 총리는 한국통감 데라우치 마사타케가 올린 조선
총독부 관제안 외 3건을 일왕에게 알리면서 동시에 자문기관인
추밀원에 심의를 요청하도록 아래와 같이 일왕에게 건의했다.

[그림 4-2]

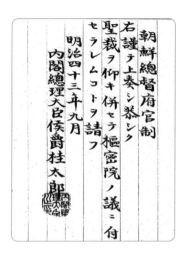

> **번역**
>
> 조선총독부 관제
> 이를 삼가 상주하여 거룩한 판단을 구하며 아울러 추밀원의
> 심의에 회부해 주실 것을 청합니다.
>
> 메이지 43년(1910) 9월
> 내각총리대신 후작 가쓰라 다로
> (桂太郞)

이 결과에 따라 추밀원에서는 9월 26일 심의가 이루어졌으며
다음과 같이 추밀원의장 야마가타 아리토모(山縣有朋)의 서명으로
'조선총독부 관제'에 대해 일왕이 채택 결정을 하도록 촉구했다.

[그림 4-3]

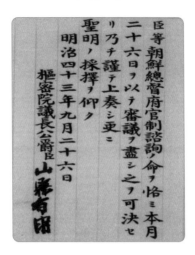

**번역**

신들이 조선총독부 관제 자문의 명을 받들어
이달 26일 심의를 다하여 이것을 가결하였으므로
삼가 상주하여 거룩한 채택을 청합니다.

메이지 43년(1910) 9월 26일
추밀원의장 공작 신 야마가타 아리토모
(山縣有朋)

즉, 일본 총리가 일왕에게 조선총독부 관제안을 알리면서
동시에 추밀원에서는 관제안 심의가 진행되었다.

그 다음 추밀원의 심의 결과가 내각 각료회의에서 결정되어 상유(上諭)[78]안이 작성되었다.

[그림 4-4]

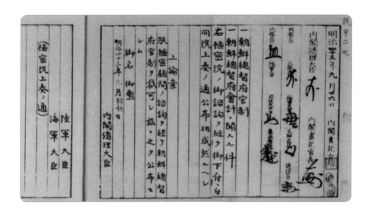

**번역**

일. 조선총독부 관제
일. 조선총독부 회계에 관한 건
위는 추밀원의 자문을 거쳐 넘겨받은 것이므로 추밀원이
상주한 대로 공포하시기 바랍니다

상유(上諭) 안
짐(朕) 추밀 고문의 자문을 거쳐 조선총독부 관제를 재가하여
여기에 공포한다
언명 옥새
메이지 43년(1910) 9월 29일
내각총리대신
육군대신
해군대신


칙령은 1907년 2월 '공식령(公式令)'[79]의 규정으로 "상유(上諭)
를 붙여 이를 공포한다"라고 되어 있다. 상유에는 일왕의 서명
과 옥새를 올린 후 연월일과 내각총리대신의 서명 및 주임 국
무장관 등의 서명을 받아 공포된다. 공포 원본은 "조선총독부
관제 어서명(御署名) 원본 메이지 43년 칙령 제354호"[80]로 현존
한다.

---

79  公式令(공식령) : 구 헌법하에서 법률, 칙령, 조서 등 각종 법령의 공포방식을 정한 칙령.
    1907년 공포. 国立公文書館所蔵「公式令制定公文式廃止・御署名原本・明治四十年・
    勅令第六号」, 御○六九一六一○○(JACAR Ref.A03020702100).
80  전게 문서, 御○八五四七一○○.

[조선총독부 관제"의 상유문 부분]

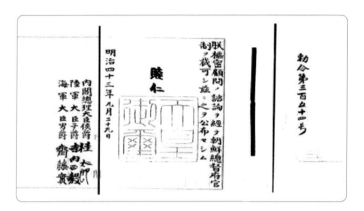

> **번역**
>
> 칙령 제354호
> 짐(朕) 추밀 고문의 자문을 거쳐 조선총독부 관제를 재가하여
> 여기에 공포한다
> 일왕 무쓰히토 옥새
> 메이지 43년(1910) 9월 29일
> 내각총리대신 후작  가쓰라 다로
> 육군대신 자작      데라우치 마사타케
> 해군대신 남작      사이토 마코토

* 위 번역문은 칙령 제354호의 상유문(上諭文) 부분이다.

추밀원에서의 심의는 ① 자문 안건 넘겨받기 ② 서기관장

심사위원회 심사 ③ 보고서 조제 ④ 회의 ⑤ 의결 ⑥ 상주(上奏:

일왕에게 올림) 등의 절차를 거쳤다.

'조선총독부 관제'에 대한 자문에서도 내각총리가 자문을 청하는 문서가 추밀원 서기관장에 의해 심사되었다. 그리고 심사 내용이 심사보고서로 정리되어 추밀원 회의 시에 추밀원 서기관장이 보고를 했다. 당시의 추밀원 서기관장 가와무라 긴고로(河村金五郎)에 의해 작성된 심사보고서에는 한국병합에 따른 통치 기구로서 조선총독부 설치의 필요성이 인정되었다.

[그림 4-5(a)]

明治四十三年九月二十三日

書記官長 河村 主筆 書記官

書記官

朝鮮總督府官制審査報告

謹テ今回御諮詢ノ朝鮮總督府官制ヲ審査ス

ルニ先般韓國ヲ併合スルニ當リ假ニ朝鮮總督府ヲ

設ケ朝鮮總督ヲ置キ統監ヲシテ之ニ充テ在來ノ統

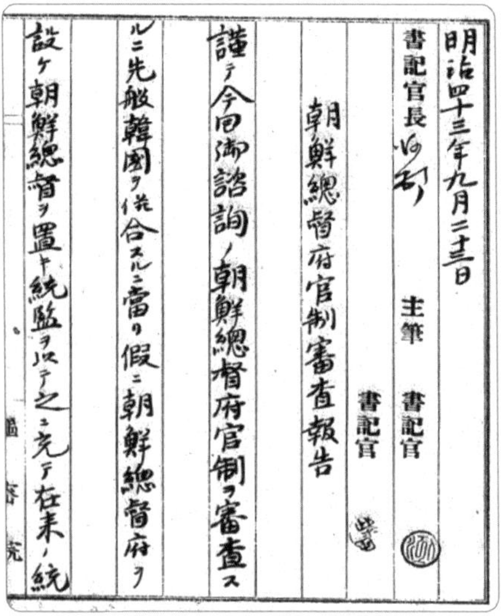

[그림 4-5(b)]

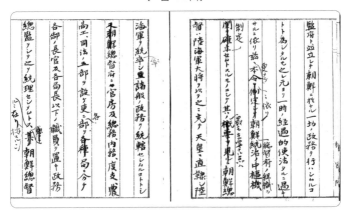

[그림 4-5(b)]

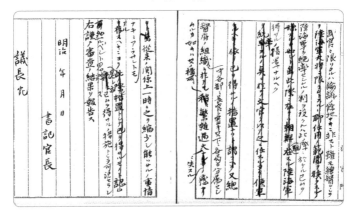

[그림 4-5(c)]

[그림 4-5⒜] ~ [그림 4-5⒞]의 조선총독부 관제 심의 보고서
에는 곳곳에 메모가 있고 "가장 주요한 점은 조선 총독으로는

육해군 대장을 충원하고, 조선 총독은 일왕에 직속, 예속하며 육해군을 통솔하고 제반 정무를 통괄하는 것"이라고 되어 있듯이 조선 총독은 일왕에 직속, 예속하고 그 임무에는 육해군 대장을 충원한다고 기재되어 있다.

상기의 "조선총독부 관제" 제정 자문안 심의에서 작성된 심사보고는 9월 26일 오전 11시 5분 개회한 추밀원 회의에서 보고한 추밀원 서기관장 가와무라 긴고로가 구두로 설명하였다. 회의 상에서의 보고원 고문관의 발언은 '회의 필기'에 기술로서 남아 있다.[81]

[그림 4-6(a)]

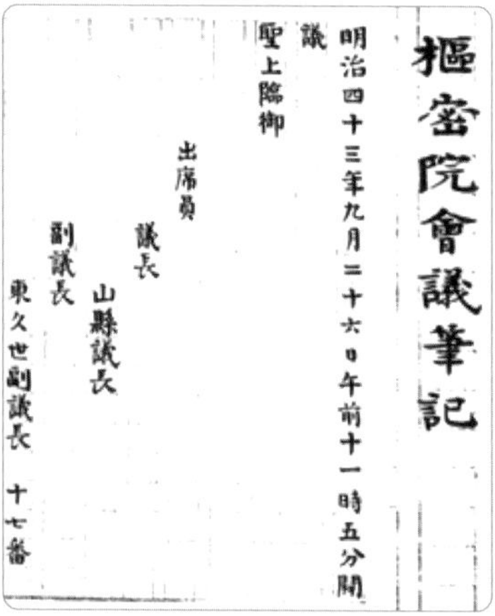

枢密院會議筆記

明治四十三年九月二十六日午前十一時五分開

議 聖上臨御

出席員

議長 山縣議長

副議長 東久世副議長

十七番

---

8 1　国立公文書館所蔵「朝鮮総督府官制」, 枢 D ○○三○五一○○（JACAR Ref. A03033575800, 枢密院会議筆記・一).

추밀원 회의필기
메이지 43년(1910) 9월 26일
오전 11시 5분 회의[82]
성상임어(聖上臨御)

출석인원
의장 야마가타 의장
부의장 히가시쿠제 부의장 17번

이와 같이 '회의 필기'에는 첫머리에 개최 일시, '성상임어(聖上臨御)' 여부, 출석원이 기재되어 있다. 이 추밀원 회의 필기에는 '성상임어'가 기재되어 있으니 이 회의에 일왕이 참석했음을 뜻한다.

각 장관은 직권상 추밀원에서 고문관의 지위를 가지고 있기 때문에 당일 회의에는 외무장관 고무라 주타로(小村寿太郎)와 육군장관 데라우치 마사타케(寺內正毅: 통감부 통감 겸임) 이외 각 장관들이 출석했다. 여기에 더해 21명의 고문관과 통감부 부통감 참여관(2명), 법제국 장관, 대장차관이 위원으로 참석했다.

---

82  일왕이 회의에 참석했음을 의미하는 말.

[그림 4-6(b)]

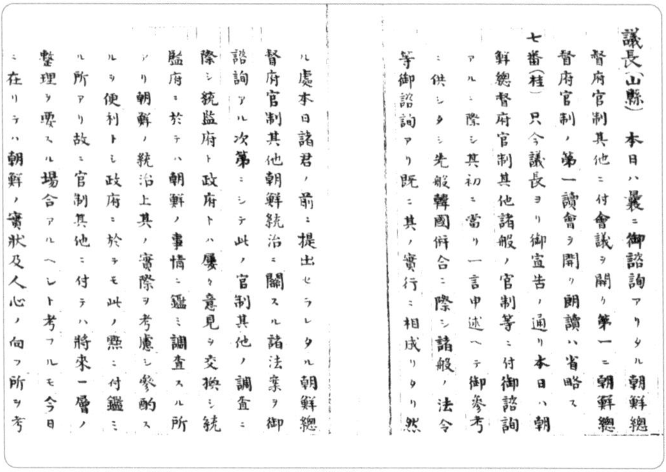
議長（山縣） 本日ハ曩ニ御諮詢アリタル朝鮮總
督府官制其他ニ付會議ヲ開キ第一ニ朝鮮總
督府官制ノ第一讀會ヲ開ク朗讀ハ省略ス
七番（桂） 只今議長ヨリ御宣告ノ通リ本日ハ朝
鮮總督府官制其他諸般ノ官制等ニ付御諮詢
アルニ際シ其初ニ當リ一言申述ヘテ御參考
ニ供シタシ先般韓國併合ニ際シ諸般ノ法令
等御諮詢アリ既ニ其ノ實行ニ相成リタリ然
ル處本日諸君ノ前ニ提出セラレタル朝鮮總
督府官制其他朝鮮統治ニ關スル諸法案ヲ御
諮詢アル次第ニシテ此ノ官制其他ノ調査ニ
際シ統監府ト政府トハ屢々意見ヲ交換シ統
監府ニ於テハ朝鮮ノ事情ニ鑑ミ調査スル所
アリ朝鮮ノ統治上其ノ實際ヲ考慮シ參酌ス
ルヲ便利トシ政府ニ於テモ此ノ點ニ付鑑ミ
ル所アリ故ニ官制其他ニ付テハ將來一層ノ
整理ヲ要スル場合アルヘシト考フルモ今日
ニ在リテハ朝鮮ノ實狀及人心ノ向フ所ヲ考

위 [그림 4-6(b)]에 있듯이 의장 야마가타 아리토모가 개회를 알리자 가쓰라 다로 일본 총리가 '조선총독부 관제' 제정의 필요성을 설명했다. [그림 4-6(b)]는 추밀원 회의 필기의 일부이고 이후 다음과 같이 논의가 진행되었다.

가와무라 보고원(서기관장)이 심사보고서를 읽고, 그다음 고문관이 자문안 취지에 대한 질문을 했다. 고문관 스에마쓰 가네스미(末松謙澄)가 조직의 규모와 예산, 총독 임용 자격, 총독부에 설치될 중추원의 성격과 권한 등 세 가지를 물었다.

이에 가쓰라 일본 총리는 "종래 한 나라를 이루고 있던 그 정부를 부수고" 총독부를 설치해 통치를 지속시키는 "병합 과도기의 시대"를 위해 어쩔 수 없는 조치라는 인식을 나타냈다. 이어 "내지(內地, 일본 국내)와 같은 상황"이 되면 관제를 개정해 인원도 감소시킬 여지가 있다고 답했다.

육해군 대장을 총독으로 충당하는 문제에는 가쓰라 일본 총리가 답했다. 가쓰라 총리는 "군사와 정무가 밀접하게 연계하면서 통치할 필요가 있기 때문에 육해군 대장으로 임용한다"라고 했다. 가쓰라 총리의 답변에 이어 통감부 참여관 아라이 겐타로(荒井賢太郎)가 예산 편성 등의 보충 설명을 했다.

그 후 의장 야마가타 아리토모가 이의 없으면 결의로 넘어가려 하자 고문관 마쓰카타 마사요시(松方正義)가 이의를 제기했으나 이는 부결되었다. 그 후 원안은 만장일치로 가결되어 심의가 완료되었다. 가결된 원안은 '결의'[83] [그림 4-7]에 수록되어 상주안으로 이어졌다. 최종적으로는 1910년 9월 29일 칙령 제354호로 '조선총독부 관제'가 일왕에 의해 공포되었다.

---

83  国立公文書館所蔵「朝鮮総督府官制」, 枢 F ○○四一六一○○—○○一 (JACAR Ref.A03034023600, 枢密院会議文書).

[그림 4-7]

번역

메이지 43년(1910) 9월 26일 결의

조선총독부 관제


## 04. 일왕이 칙령을 공포할 때의 의사결정과정

이상으로 일왕이 칙령을 공포할 때의 의사결정과정을 칙령 제354호 '조선총독부 관제'의 사례로 살펴보았다. 이런 의사결정과정은 다른 칙령에 있어서도 마찬가지다.

그러므로 일왕이 조선 13도제를 정한 칙령 제357호 '조선총독부 지방관관제'와 조선 내의 도시계획을 위한 칙령 제375호 '조선총독부 토목회의관제'도 칙령 제354호 '조선총독부 관제'와 똑같은 의사결정과정을 거쳤음이 당연한 일이다.

그 의사결정과정을 정리하면 다음과 같다.


(1) 조선 총독이 칙령안을 내각총리대신에게 올린다.

(2) 내각총리대신은 그 칙령안을 일왕에 알리고 동시에 자문기관인 추밀원에 심의하도록 맡긴다.

(3) 일왕이 참석하는 가운데 추밀원에서 칙령에 대한 심의가 실시된다.

(4) 추밀원에서의 심의를 거쳐 통과된 칙령안을 일왕이 재가한다.

(5) 일왕이 칙령을 공포한다.


위와 같은 의사결정과정을 보면 경성부에 대한 도시계획이나 경성부 축소에는 도시계획 법률의 근본인 칙령 제375호 '조선총독부 토목회의관제'를 재가하여 공포한 일왕이 최종 책임자임을 알 수 있다.

칙령 제375호 '조선총독부 토목회의관제'에 의거하여 1914년 경성부 축소가 결정되었고 북한산이 경성부로부터 제외되었다. '경성도시계획' 관련 예산안은 일본 제국의회에 보고되어 승인을 받았다.

경성부로부터 북한산을 제외시키는 작업에는 그 근본에 일왕의 칙령, 예산 편성에는 일본의 제국의회가 모두 관여했다. 그러므로 북한산을 1910년 8월 29일 한일병합 이전의 상태로 복원하는 일은 대한민국이라는 주권국가의 국민으로서 마땅히 해야 할 일이라 할 수 있다.

북한산 역사 회복

# 제 II 부

# 풍수지리로 본
# 한국과 일본의 수도

북한산 역사 회복

제5장

# 조선왕조실록으로 본 서울과
# 북한산의 관계 및 행정구역 변천

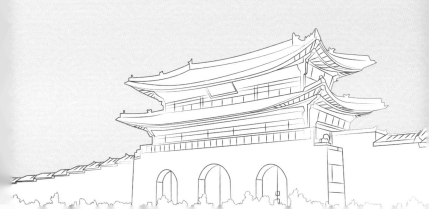

# 01. 북한산(삼각산)이 서울의 조종산(祖宗山)이 된 근거

원래 북한산은 삼각산이라 칭했다. 조선왕조는 한성으로 천도하면서 삼각산을 조종산으로 결정했다. 그 역사적 결정을 조선왕조실록을 통해 살펴본다.

## (1) "태조실록 3권, 태조 2년 1월 21일 정묘(1393)"
### – 신(神)을 정함 –

[원문]

이조에서 경내(境內)의 명산(名山)·대천(大川)·성황(城隍)·해도(海島)의 신(神)을 봉(封)하기를 청하니, 송악(松岳)의 성황(城隍)은 진국공(鎭國公)이라 하고, 화령(和寧)·안변(安邊)·완산(完山)의 성황(城隍)은 계국백(啓國伯)이라 하고, 지리산(智異山)·무등산(無等山)·금성산(錦城山)·계룡산(鷄龍山)·감악산(紺嶽山)·삼각산(三角山)·백악(白嶽)의 여러 산과 진주(晉州)의 성황(城隍)은 호국백(護國伯)이라 하고, 그 나머지는 호국(護國)의 신(神)이라 하였으니, 대개 대사성(大司成) 유경(劉敬)이 진술한 말에 따라서 예조(禮曹)에 명하여 상정(詳定)한 것이었다.

위 "태조실록"의 원문 인용문을 보면, 태조는 조선 전국의 신을 정한 것을 알 수 있다. 태조는 명산(名山)·대천(大川)·성황(城隍=서낭)·해도(海島)의 신(神)을 봉(封)하기로 했고, 지리산(智異山)·무등산(無等山)·금성산(錦城山)·계룡산(鷄龍山)·감악산(紺嶽山)·백악(白嶽)의 여러 산과 진주(晉州)의 성황(城隍=서낭)과 함께 삼각산을 호국백(護國伯)으로 정했다.

호국백이란 나라를 지키는 으뜸가는 산이라는 뜻으로, 조선 태조 때에 위와 같이 지리산, 무등산, 삼각산 등을 이르던 말이다.

[태조실록 3권, 태조 2년 1월 21일 정묘(1393), 원본]

## (2) "태조실록 6권, 태조 3년 8월 12일 기묘(1394)"
### – 도읍을 정함 –

[원문]

중추원 학사 이직(李稷)이 말하였다.

"도읍을 옮기고 나라를 세우는 곳에 대하여 지리책을 상고해 보니, 대개 말하기를, '만갈래의 물과 천봉의 산이 한 곳으로 향한 큰 산과 큰 물이 있는 곳에 왕도와 궁궐을 정할 수 있는 땅이라' 하였습니다. 이것은 산의 기맥이 모이고 조운이 통하는 곳을 말한 것입니다. 또 이르기를, '지방 천리로써 임금이 된 사람은 〈수도를〉 4방 5백 리로 하고, 지방 5백 리로 임금이 된 자는 〈수도를〉 4방 각 50리로 한다.' 하였으니 이것은 〈4방〉 도로의 거리를 고르게 하기 위하여 말한 것이며, 우리나라 비결에도 이르기를, '삼각산 남쪽으로 하라.' 했고, '한강에 임하라.' 했으며, 또, '무산(毌山)이라.' 했으니, 이곳을 들어서 말한 것입니다. 대저 터를 잡아서 도읍을 옮기는 것은 지극히 중요한 일로서 한 두 사람의 소견으로 정할 것이 아니며, 반드시 천명에 순응하고 인심을 따른 뒤에 할 수 있는 것입니다.(후략)"

**해제**

위 태조실록의 인용문을 보면, 태조조에서 조선의 도읍을 정할 때, "만갈래의 물과 천봉의 산이 한 곳으로 향한 큰 산과 큰 물이 있는 곳에 왕도와 궁궐을 정할 수 있다"고 했다. 그러므로 도읍으로서는 "산의 기맥이 모이고 조운(漕運)[84]이 통하는 곳"을 찾아야 하는데 이에 맞는 땅은 "삼각산 남쪽"이고 "한강"에 임하도록 했다. 이것이 한양이고 한성부, 경성부이자 현재의 서울이 삼각산 남쪽으로 정해진 역사적 배경이다.

---

84  조운(漕運): 현물로 받아들인 각 지방의 조세를 서울까지 배로 운반하던 일. 또는 그런 제도.

求則更使廣袤之斯可矣毋岳之地明堂甚狹主山陷溺水口

無關鎮夫豈吉地而古人不用之乎○僉書中樞院事河崙曰

東方古都享國長久者雖林平壤而已毋岳形勢雖早狹比之

雞林平壤宮闕之基實為寬廣加以居國之中漕運所通表裏

山河又有可憑東方前賢家說亦多相契又中國地理諸家山

水朝聚之說舉皆相近故於前日對問具陳伏惟王者之興自

有天命定都之事不可輕議若欲順一時人心以除民弊宜且

安於松都君欲用前賢之說以立萬世之基無過於此○中樞

院學士李稷曰還都立國之地考之地理書其大略曰萬水千

山俱朝一神大山大水處為王都帝闕之地此以氣脈所聚漕

運所通為言也又曰方千里而王者四方各五百里方五百里

而王者四方各五十里此以道里所均為言也又東方密說曰

三角南面又曰臨漢江曰毋山此地所以舉論也大抵卜地

遷都至為重事非一二人所見能定也必應天順人而後可為

也是故書曰謀從筮從卿士從庶民從不如是則不可決也今

### (3) "태조실록 6권, 태조 3년 9월 9일 병오(1394)"

### – 도읍을 정함 –

[원문]

"판문하부사 권중화(權仲和)·판삼사사 정도전·청성백 심덕부·참찬 문하부사 김주·좌복야 남은×중추원 학사 이직 등을 한양에 보내서 종묘·사직·궁궐·시장·도로의 터를 정하게 하였다. 권중화 등은 전조 숙왕(肅王) 시대에 경영했던 궁궐 옛터가 너무 좁다 하고, 다시 그 남쪽에 해방(亥方)의 산(북악산)을 주맥으로 하고 임좌병향(壬座丙向)이 평탄하고 넓으며, 여러 산맥이 굽어 들어와서 지세가 좋으므로 여기를 궁궐터로 정하고, 또 그 동편 2리쯤 되는 곳에 감방(坎方)의 산을 주맥으로 하고 임좌병향에 종묘의 터를 정하고서 도면을 그려서 바치었다."

**해제**

1394년 태조는 신하들을 한양(서울)에 보내서 종묘·사직·궁궐·시장·도로의 터를 정하게 하였다. 서울은 개경 일대에 근거지를 둔 고려의 지배층들이 '남경(南京)'이라 부른 곳으로, 이미 고려 문종이 궁궐을 짓고(1067) 숙종(재위: 1095~1105)이 서울로의 천도 계획까지 세웠던 곳이니, 왕조를 개창(開創)한 태조 이성계가 한양에 도읍을 정한 일이 전혀 새로운 발상은 아닌 셈이다.[85]

[원문]을 보면 "권중화 등은 전조 숙왕(肅王) 시대에 경영했던 궁궐 옛터가 너무 좁다 하고"라고 기재되어 있다. 숙왕이란 고려 숙종을 뜻한다.

---

85   한양, 수도의 탄생, 네이버지식백과, https://terms.naver.com/entry.naver?docId=1719162&cid=43110&categoryId=43110

문종은 1067년(문종 21년)에 지금의 서울의 명칭을 남경으로 고쳤고, 1068년에는 남경에 신궁(新宮)을 건설했다. 몇 년 후 남경은 폐지되지만 숙종 때인 1104년(숙종 9년)에 다시 궁궐이 설치되었다. 당시 숙종은 아예 남경으로 천도하고자 직접 남경에 가서 지세를 살펴봤다.

그 당시 남경 궁궐 자리로는 여러 곳이 거론되었는데 최종적으로 삼각산, 면악(面嶽)의 남쪽이 채택되었다. 이 면악이 지금의 북악산이다.[86] 그러므로 현재의 청와대 부지 근처가 숙종 때의 궁궐터였다고 판단된다.

[원문]은 이어서 "다시 그 남쪽에 해방(亥方)[87]의 산을 주맥으로 하고 임좌병향(壬座丙向)[88]이 평탄하고 넓으며, 여러 산맥이 굽어 들어와서 지세가 좋으므로 여기를 궁궐터로 정하고"라고 기록되어 있다.

여기서 "다시 그 남쪽에 해방(亥方)의 산을 주맥으로 하고"라는 말은 숙종의 궁궐 해방(亥方), 즉 서북 방향의 산 = 삼각산 북악산을 주맥으로 한다는 뜻이고 그다음의 말 즉, "(그 남쪽에) 임좌병향(壬座丙向)이 평탄하고 넓으며, (중략) 여기를 궁궐터로 정

---

8 6   북악산, 네이버지식백과. https://terms.naver.com/entry.naver?docId=763985&cid=43740&categoryId=44178

8 7   해방(亥方): 이십사방위의 하나. 정북(正北)에서 서로 30도 각도를 중심으로 한 15도 각도 안의 방향.

8 8   임좌병향(壬座丙向): (집터나 묏자리 따위가) 임방(壬方)을 등지고 병방(丙方)을 향한 좌향(坐向)..

하고"라는 문장은 현재의 경복궁 자리를 가리키는 말이다.

이렇게 하여 조선시대의 궁궐 자리, 종묘, 사직, 시장, 도로 등의 자리가 결정되었다. 이때, 삼각산(북한산)과 북악산의 남쪽이라는 원칙이 적용되었다.

### (4) "태종실록 28권, 태종 14년 7월 25일 병신(1414)"
#### – 삼각산의 신위를 백악산에 옮겨 짝 지웠다 –

[원문]
    삼각산(三角山) 신위(神位)를 백악사(白岳祠)에 옮겨 백악의 신과 짝 지웠는데, 삼각의 신은 남쪽으로 향하고 백악의 신은 서쪽으로 향하였다.

**해제**

    태종 14년(1414)이 되어서 삼각산의 신위를 백악산(북악산)에 옮겼다는 사실이 기록되었다. 이것으로 조선의 도읍 한성부의 조종산인 삼각산(북한산)의 신위는 북악산의 신위가 되었고 북악산이 한성부의 주산이 되었다.

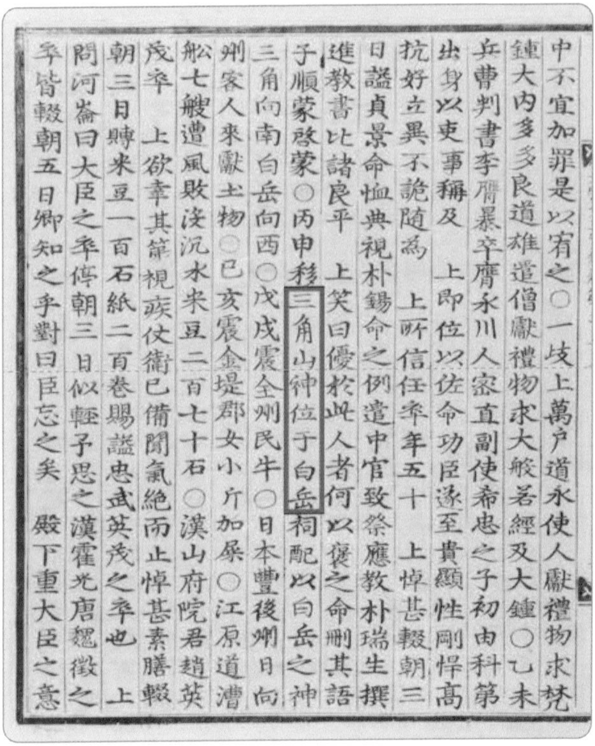

[태종실록 28권, 태종 14년 7월 25일 병신(1414), 원본]

中不宜加罪是以宥之○一岐上萬戶道永使人獻禮物求梵
鍾大內多多良道雄遣僧獻禮物求大般若經及大鍾○乙未
兵曹判書李膺卒膺永川人密直副使希忠之子初由科第
出身以吏事稱及 上即位以佐命功臣遂至貴顯性剛悍高
抗好立異不詭隨爲 上所信任卒年五十 上悼甚輟朝三
日謚貞景命恤典視朴錫命之例遣中官致祭應教朴瑞生撰
進教書比諸良平 上笑曰優於此人者何以褒之命刪其語
子順蒙啓蒙○丙申移三角山神位于白岳祠配以白岳之神
三角向南白岳向西○戊戌震全州民牛○日本豐後州日向
州客人來獻土物○己亥震金堤郡女小斤加召○江原道漕
船七艘遭風敗沒沉水米豆二百七十石○漢山府院君趙英
茂卒 上欲幸其第視疾仗衛已備聞氣絶而止悼甚素膳輟
朝三日賻米豆一百石紙二百卷賜謚忠武英茂之卒也 上
問河崙曰大臣之卒停朝三日似輕予思之漢霍光唐魏徵之
卒皆輟朝五日卿知之乎對曰臣忘之矣 殿下重大臣之意

(5) **"세종실록 128권, 오례 길례 서례 변사"**

**– 삼각산 = 한성부의 중악 –**

[원문]

풍운뢰우(風雲雷雨)와 【산천(山川)과 성황(城隍)도 붙여 제사한다】 악·해·독(嶽海瀆)【지리산(智異山)은 전라도 남원(南原)의 남쪽에 있고, 삼각산(三角山)은 한성부(漢城府)의 중앙에 있고, 송악산(松嶽山)은 개성부(開城府)의 서쪽에 있고, 비백산(鼻白山)은 영길도(永吉道) 정평(定平)의 북쪽에 있고, 동해(東海)는 강원도(江原道) 양주(襄州)의 동쪽에 있고, 남해(南海)는 전라도 나주(羅州)의 남쪽에 있고, 서해(西海)는 풍해도(豊海道) 풍천(豊川)의 서쪽에 있다】

**해제**

세종실록 128권에는 조선에서 제사를 지내는 장소에 대한 기술이 있다. 이 기술 속에 "삼각산(북한산)은 한성부의 중앙에 있고"라는 내용이 있다. 이 뜻은 삼각산이 조선의 중악이라는 뜻이다. 조선에서는 오악으로 삼각산, 지리산, 송악산(북한 개성시 소재), 비백산(북한 함경남도 소재)이 정해졌다. 오악이라고 하지만 조선시대는 사악이었다.

조선시대에는 제후국을 자칭했기에 오악을 정하지 못하므로 사악을 정했다. '중요한 산들'이란 뜻으로 관용적으로 '오악'이란 단어를 쓰지만 실제 국가제례에서 중요하게 챙긴 산은 4곳이었다. 그 사악은 다음과 같다.

*동악-없음 *서악-송악산(고려 궁궐의 진산), *남악-지리산,
 *북악-비백산
*중악-삼각산(북한산): 도읍 한양에 있으므로 당연히 중악이 삼각산이었다.[89]

그러므로 삼각산이 조선의 중악이라는 조선의 중심, 즉, 매우 중요한 위치에 있었음을 확인할 수 있다.

---

89  한국의 오악: https://namu.wiki/w/%ED%95%9C%EA%B5%AD%EC%9D%98%20
%EC%98%A4%EC%95%85

## (6) "고종실록 43권, 고종 40년 3월 19일 양력(1903, 광무〈光武〉 7년)"

### – 다섯 방위의 큰 산, 진산, 바다, 큰 강을 봉하다 –

[원문]

장례원경(掌禮院卿) 김세기(金世基)가 아뢰기를,

"지난번에 조칙(詔勅)을 받들어 보니, '천자(天子)만 천하의 명산 (名山)과 대천(大川)에 제사를 지낼 수 있는데, 오악(五嶽)·오진(五鎭)· 사해(四海)·사독(四瀆)을 아직까지도 미처 봉하지 못하여 사전(祀典) 을 구비하지 못하였다. 장례원(掌禮院)에게 널리 상고하여 제사 지낼 곳을 정함으로써 짐(朕)이 예(禮)로 신을 섬기려는 뜻에 부응하게 하 라.'고 명하였습니다. 오악·오진·사해·사독으로 봉해야 할 산천(山川) 을 참작해서 마련하여 별도로 개록(開錄)해서 들이나, 사전과 관련된 소중한 일이어서 본원(本院)에서 감히 마음대로 하지 못합니다.

의정부(議政府)에서 품처(稟處)하도록 하는 것이 어떻겠습니까?"
하니, 윤허하였다.

별단(別單)

오악(五嶽) 중 중악(中嶽)은 삼각산(三角山)【경기(京畿)】,
동악(東嶽)은 금강산(金剛山)【강원도(江原道) 회양군(淮陽郡)】,
남악(南嶽)은 지리산(智異山)【전라남도(全羅南道) 남원군(南原郡)】,
서악(西嶽)은 묘향산(妙香山)【평안북도(平安北道) 영변군(寧邊郡)】,
북악(北嶽)은 백두산(白頭山)【함경북도(咸鏡北道) 무산군(茂山
郡)】이다.
오진(五鎭) 중 중진(中鎭)은 백악산(白岳山)【경성(京城)】,
동진(東鎭)은 오대산(五臺山)【강원도(江原道) 강릉군(江陵郡)】,
남진(南鎭)은 속리산(俗離山)【충청북도(忠淸北道) 보은군(報恩郡)】,
서진(西鎭)은 구월산(九月山)【황해도(黃海道) 문화군(文化郡)】,
북진(北鎭)은 장백산(長白山)【함경북도(咸鏡北道) 경성군(鏡城
郡)】이다.
사해(四海)는 동해(東海)【강원도(江原道) 양양군(襄陽郡)】,
남해(南海)【전라남도(全羅南道) 나주군(羅州郡)】,
서해(西海)【황해도(黃海道) 풍천군(豐川郡)】,
북해(北海)【함경북도(咸鏡北道) 경성군(鏡城郡)】이다.
사독(四瀆) 중 동독(東瀆)은 낙동강(洛東江)【경상북도(慶尙北道) 상
주군(尙州郡)】,
남독(南瀆)은 한강(漢江)【경성(京城)】,
서독(西瀆)은 패강(浿江)【평안남도(平安南道) 평양부(平壤府)】,
북독(北瀆)은 용흥강(龍興江)【함경남도(咸鏡南道) 영흥군(永興
郡)】이다.

　1897년 대한제국이 선포되어 고종은 황제가 되었다. 나라가 제국이 되었으므로 조선의 사악(四嶽)을 오악(五嶽)으로 정식으로 봉할 필요가 있었다. 그러므로 1903년 장례원경(掌禮院卿) 김세기(金世基)가 요청한 말을 고종황제가 윤허했다.

　위 [원문]을 보면 대한제국의 오악은 중악(中嶽) 삼각산(三角山), 동악(東嶽) 금강산(金剛山), 남악(南嶽) 지리산(智異山), 서악(西嶽) 묘향산(妙香山), 북악(北嶽) 백두산(白頭山)으로 정해진 것을 알 수 있다. 대한제국의 최고봉 백두산보다 삼각산(북한산)이 나라의 중악으로 보다 중요한 위치에 있었음을 알 수 있다.

　그리고 [원문]에서는 진산(鎭山)으로 다섯 개 산, 즉 오진(五鎭)이 봉해졌는데 중심적 진산, 바로 중진(中鎭)은 백악산(白岳山 = 북악산)으로 정해졌다. 이런 기술로 보아 삼각산(북한산)과 북악산은 한성부뿐 아니라 대한제국, 바로 국가의 중심 산악이었음을 알 수 있다. 두 산이 바로 대한제국 도읍을 지키는 조종산과 주산이었기 때문이다.

　다만, [원문]을 보면 "삼각산(三角山)" 표기 다음에 【경기(京畿)】라고 적혀 있다. 당시 대한제국은 13도 8부제였고 삼각산은 '한성부'에 속해 있었기 때문에 정확하게는 '경기'가 아니라 '한성'으로 써야 했을 것이다.

　아울러 [원문]에서 '백악산(白岳山)' 다음에 【경성(京城)】이라 적혀 있으나 이것도 '한성'이라 하는 것이 보다 정확한 표현이라 할 수 있다. 그러나 아래와 같이 조선시대에도 경성(京城)이라는 말이 사용된 사례가 있다. 조선시대에 사용된 경성(京城)은 한성의 별명이거나 도읍의 성곽을 뜻하는 말이었음을 알 수 있다.

## ⑺ 조선왕조실록에서 경성(京城)이 나오는 사례

### ㈎ "태조실록 4권, 태조 2년 8월 1일 갑술(1393, 홍무〈洪武〉26년)"

[원문]
경기도·양광도·서해도(西海道)·교주도(交州道)·강릉도(江陵道) 6도(道)의 백성을 동원하여 경성(京城)을 쌓게 했는데, 옛터[舊基]가 넓어 수리하기가 어려운 까닭에 그 반을 줄이게 하였다.

### ㈏ "숙종실록 9권, 숙종 6년 7월 23일 경술(1680)"

[원문]
경성(京城) 사람 최옥립(崔玉立)의 집에 돼지가 있어 수퇘지 한 마리를 낳았는데, 눈이 둘이고 귀가 셋이며 발이 여덟이고 등뼈가 둘이며 꼬리가 둘이었다.

**해제**

위에 인용한 두 문장을 보면 [태조실록]에서 표현된 '경성(京城)'은 도읍의 성곽을 뜻하고 [숙종실록]에 쓰인 '경성(京城)'은 한성 대신 사용된 말임을 알 수 있다.

이런 맥락으로 "고종실록 43권, 고종 40년 3월 19일 양력(1903)"의 경성을 이해하면 될 것이다. 이 문장에서 '경성'은 '한성'의 또 하나의 명칭으로 사용되었을 것으로 보인다.

[고종실록 43권, 고종 40년 3월 19일 양력(1903), 원본]

護必須同其心力而策莫良於是矣著以令廟堂佈告厥廠有衆立志惠愛
興勸乃事尙爾欽哉〇十六日正三品金圭軾安監理敍叙任官六等〇
法部大臣等載克奏奉掌禮院養下判付被告戶永濟案件審查則葬其母
於三仙坪後麓而因巡山監官始知爲洪陵寢禁標內偸葬者律處一百懲役終身何如
詔勅唯天子祭天下名山大川而五嶽五鎭四瀆之封尙令未遑祀典與未
備矣我令掌禮院博攷定祀用稱肤以禮事神之意事命下矣五嶽五瀆四海
衛勤務多年頗著效勞持敍勳三等賜太極章〇掌禮院卿金世基養頃伏奉
允之〇十七日〇十八日〇十九日詔四鐵道院監督日本國人大三輪長兵
塚白現請勘具事實明白照陵寢禁標內偸葬者何如

令議政府稟處何如允之別單 五嶽中嶽三角山
四瀆之應封山川祭酌鸞錄另具開錄以入而事係祀典而重臣院不敢擅便

| 令異山 全羅郡 南海 | 令 | 五嶽中嶽三角山 | 東嶽 京畿道北漢 |
東嶽金剛山 江原道淮陽郡 南嶽 |

岳山東鎭五臺山 江原道北 四海東海 慶尙道北 南瀆漢江 西瀆沮江 平安咸鏡南海黃川江 五鎭九月山 黃海道 中鎭白北

長白山 咸鏡北道 北海東海 慶尙道北道 南瀆龍興江 西鎭黃道 北海咸鏡北道 北鎭

郡四瀆東瀆洛東江 慶尙道北 南瀆漢江 西瀆沮江 平安北瀆龍興江

智異山 全羅郡 西嶽妙香山 南鎭俗離山 忠淸北嶽白頭山 咸鏡北道 西鎭五角山 忠淸南海 西鎭白

## 02. 조선시대 ~ 일제강점기, 조선(한국)의 지방행정구역 변천

여기서는 기초적인 작업으로 조선시대로부터 일제강점기까지 조선(한국)의 지방 행정구역이 어떻게 변천했는지 개관하기로 한다.

조선은 지방을 도(道)로 일원화하여 8도제를 시행했다. 도(道) 안에는 그 크기에 따라 부(府), 목(牧), 군(郡), 현(縣)으로 나눠졌다.

조선시대 전기까지 있었던 특수 행정구역으로서의 향(鄕), 부곡(部曲), 소(所)를 폐지하고 모두 군현(郡縣)으로 승격시켜서 8도(道) 5부(府) 5대도호부(大都護府) 20목(牧) 82군(郡) 175현(縣)이 되었다.

군현 밑에는 면(面), 리(里), 통(統)을 둠으로써 행정 구역의 큰 틀을 마련했다. 한양(漢陽)은 수도로서 경기도에 포함되지 않았다.

조선의 수도는 한성(漢城)이며 한양(漢陽)이라고도 했다. 태조 이성계는 1393년, 도읍지를 한양으로 정하고 1394년 신도궁궐조성도감(新都宮闕造成都監)을 설치하여 새 수도의 도시계획을 구상했고 1394년 10월 28일(음) 한양으로 천도했다.

그 후 1895년(고종 32년) 갑오개혁에 의해 조선에는 23부제가 시행되었고 전국은 23부 337군 체제로 행정구역이 개편되었다. 이때 도제(道制)를 폐지하고 부제(府制)를 실시했으며 도 아래에 부, 목, 군, 현을 군(郡)으로 일원화했다.

23부(府)는 다음과 같았다.

한성부(漢城府), 인천부(仁川府), 충주부(忠州府), 홍주부(洪州府), 공주부(公州府), 전주부(全州府), 남원부(南原府), 나주부(羅州府), 제주부(濟州府), 진주부(晉州府), 동래부(東萊府), 대구부

(大邱府), 안동부(安東府), 강릉부(江陵府), 춘천부(春川府), 개성부(開城府), 해주부(海州府), 평양부(平壤府), 의주부(義州府), 강계부(江界府), 함흥부(咸興府), 갑산부(甲山府), 경성부(鏡城府)

조선의 급진개화파세력은 명성황후 시해 사건(을미사변, 1895년) 이후, 갑오개혁때 만들어진 내정개혁안을 추진했으며, 1895년 11월 17일(음)을 양력 1896년 1월 1일로 정하고 연호를 '건양(建陽)'이라 했다. 그렇게 하여 조선 정부는 23부제를 시행한 지 1년 남짓 만에 13도제로 행정구역을 다시 개편했다. 부제에서 도제로 환원한 것이다. 이로 13도(道) 7부(府) 1목(牧) 331군(郡) 체제가 성립되었다.

이때 한성부는 경기도에서 분리되어 있었다.

13도(道): 경기도(京畿道), 충청북도(忠清北道), 충청남도(忠清南道), 전라북도(全羅北道), 전라남도(全羅南道), 경상북도(慶尚北道), 경상남도(慶尚南道), 황해도(黃海道), 평안남도(平安南道), 평안북도(平安北道), 강원도(江原道), 함경남도(咸鏡南道), 함경북도(咸鏡北道)

7부(府): 광주부(廣州府), 개성부(開城府), 강화부(江華府), 인천부(仁川府), 동래부(東萊府), 덕원부(德源府), 경흥부(慶興府)

1목(牧): 제주목(濟州牧)

13도제에서 '한성부'는 특별한 위치에 있었다. 한성부는 조선과 대한제국의 수도로서 13도와 7부에 포함되지 않는 특별한 부였다. 그러므로 1896년부터 1910년 9월 30일까지 이어진 조선과 대한제국의 '13도(道) 7부(府) 1목(牧) 331군(郡) 체제'는 정확히는 '1특별부 13도(道) 7부(府) 1목(牧) 331군(郡) 체제'였다.

[조선의 8도와 한성부]

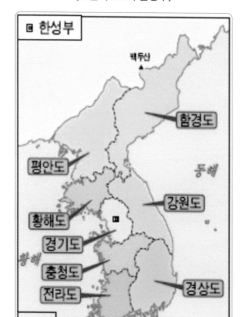

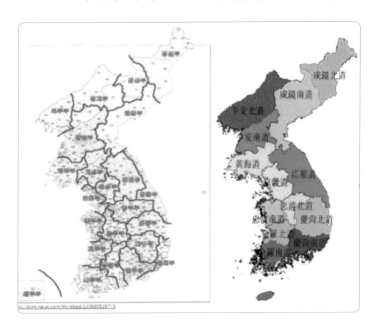

[조선의 23부제]　　　　[조선, 대한제국의 13도제]

## 03. 조선시대, 대한제국 시대의 한성부 중앙의 모습

조선시대와 대한제국 시대의 한성부 중앙의 모습은 다음 그림
과 같았다.

[조선시대와 대한제국 시대의 한성부 중앙의 모습]

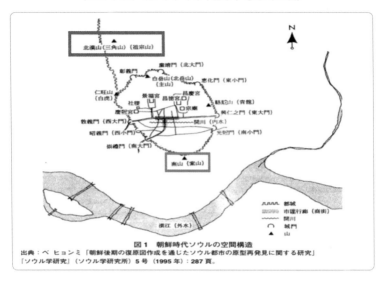

図1 朝鮮時代ソウルの空間構造
出典：ペ ヒョンミ「朝鮮後期の復原図作成を通じたソウル都市の原型再発見に関する研究」
『ソウル学研究』（ソウル学研究所）5 号（1995 年）: 287 頁。

　조선시대와 대한제국시대까지 위정자들은 삼각산(북한산)을 조종산으로 하고, 백악산(북악산)을 주산(북쪽, 현무), 낙타산(낙산)을 청룡(동쪽), 인왕산을 백호(서쪽), 그리고 남산(목멱산)을 안산(남쪽, 주작), 청계천을 내수, 한강을 외수로 삼았다. 그렇게 하여 현무, 청룡, 백호, 주작이라는 사신(四神)이 지키는 구역을 성곽으로 둘러싸고 사방에 대문(북대문, 서대문, 동대문, 남대문)을 세웠다. 성곽 안쪽에 원칙에 따라 경복궁, 창덕궁, 창경궁을 세웠고 종묘와 사직을 세웠다.

성곽과 내수 청계천으로 사신이 지키는 태극 모양이 만들어졌다. 이런 모습이 한성부 중앙의 모습이었다. 그런데 이런 한성부에 힘을 주는 중심은 어디까지나 조종산인 삼각산(북한산)이었다.

위 그림을 좀더 알기 쉽게 그린 것이 다음 그림이다.

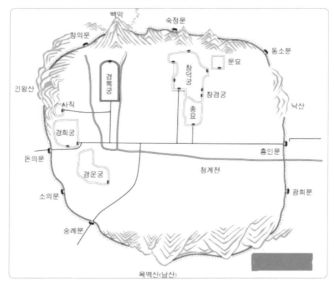

## 04. 조선시대, 대한제국 시대의 한성부 전체 모습

위 '3'에서 본 바와 같이 한반도의 가장 중심부에 위치한 한성은 사신(四神)에 해당하는 백악산(북악산), 낙타산, 인왕산, 남산(목멱산) 등에 의해 지켜지고 있다. 이 네 개 산을 내사산(內四山)이라고도 칭한다.

그리고 그 외쪽에서 한성부 전체를 지키는 북쪽의 삼각산(북한산), 동쪽의 용마산(龍馬山), 서쪽의 덕양산(德陽山), 남쪽의 관악산(冠岳山) 등을 외사산(外四山)이라 칭한다.

이에 따라 삼각산은 한성부의 조종산, 용마산은 외청룡, 덕양산은 외백호, 관악산을 외주작(조산〈朝山〉)[90]이라고도 부른다. 그런 한성부 전체의 이미지는 아래 그림과 같다.

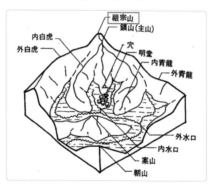

---

90  조산(朝山): 주작(朱雀)에는 안산(案山)과 조산(朝山)이 있으나 안산이 중요시된다. 안산의 형성이 길(吉)하고 현무(玄武)와 혈(穴)을 향(向)하여 서로 상생(相生)배합(配合)하여 조화를 이루면 조산(朝山)은 그리 중요하지 않는 것으로 본다. 조산은 주산에 대응하는 산으로 주산(主山)이 주인(主人)이면 조산은 손님격으로 공손히 허리를 굽히는 형태가 이상적이다. 그러므로 너무 높거나 낮으면 좋지 않다.

## 05. 경성과 '경성접근지지(京城接近之地)'

다음 그림은 1884년 제작된 '조선여지도' 중 '경성접근지지(京城接近之地)'이다. 이 '경성접근지지'는 당시의 한성부를 그렸다고 할 수 있다.

여기서 주목할 만한 점은 1884년 시점에서 '경성'이라는 명칭이 사용되고 있었다는 사실과 '경성'이 4대문 안쪽, 즉 성곽 안쪽을 지칭했다는 사실이다. 그러므로 한성부의 중심인 '한성'은 이미 1884년에는 '경성'이라고도 불렸다는 사실을 알 수 있다.

이 그림에서 빨간 타원형으로 표시된 부분이 바로 삼각산(북한산)이다. 이 '경성접근지지'를 통해서도 경성(한성)의 조종산이 삼각산임을 알 수 있다.

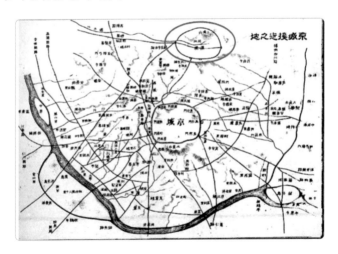

북한산 역사 회복

제6장

# 풍수지리로 건설된 일본의 도읍

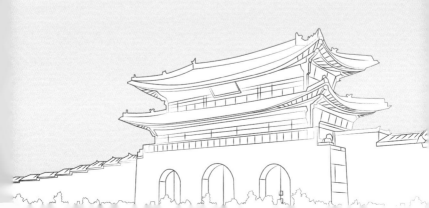

제6장에서는 과연 일본은 신라, 고려, 조선 등의 한반도 국가처럼 풍수지리학을 중시하면서 일본의 도읍을 건설했는가에 대해 간략하게 살펴본다. 그 이유는 일본이 풍수지리학을 알고 있어야 오히려 대한제국 수도의 풍수지리를 일본식으로 바꾸고 혹은 파괴하여 일본제국주의에 의한 새로운 경성 건설이라는 목표를 달성하려는 발상이 생길 수 있었기 때문이다.

그리고 일본의 풍수지리학적 발상이 한국의 도읍 한성부(경성부)의 조종산 삼각산(북한산)을 한성부에서 분리한다는 발상으로 이어졌는지에 대해서도 살펴본다.

## 01. 일본식 풍수지리로 건설된 일본의 고도(古都) 헤이안경(平安京)

일본의 수도가 교토에서 도쿄로 천도된 것은 1868년 메이지유신에 의한 결정이었고 1869년 수도 이전이 이루어졌다. 도쿄로 일본의 수도가 이전되기 전까지 일본의 도읍은 교토 헤이안경이었다. 헤이안경은 1,000년의 고도(古都)로 불리는 오래된 일본의 도읍이고 794년 완성되었다. 그러므로 수도가 도쿄로 이전되기까지 일본의 도읍은 교토 헤이안경에 1,075년간이나 머물러 있었던 것이다. 그만큼 헤이안경은 오래되어도 훌륭한 도읍이었다.

헤이안경이 풍수지리학으로 건설된 것은 잘 알려져 있지 않다.

8세기 말 경 일왕 간무(桓武)는 가신에게 명을 내려 교토 땅으로 도읍을 옮기기로 했다. 그때 가신이 교토에 답사를 갔을 때의 모습이 『일본후기』[91]에 다음과 같이 기술되어 있다.

"이 나라는 산하금대(山河襟帶), 자연스레 성을 쌓는다."

'산하금대'는 중국의 역사서 『사기(史記)』에 사신(四神)에 상응하는 땅이라는 뜻으로 사용된 말이다. 즉 수도 이전지 교토는 중국 풍수에서 말하는 사신(四神)에 걸맞은 곳이라고 가신들이 일왕 간무에게 보고한 바 있다.

당시 중국 풍수의 사신상응(四神相應)이라는 사고방식은, 도시 건설에 있어 상식화되어 있었다. 교토 이전에 일본의 수도였던 나라(奈良)를 건립지로 선정한 이유도 『속일본기』[92]에 '절확 모양으로 이어지는 산으로 둘러싸여 한 방향이 트인 용맥(龍脈)이 흐르는 용혈(龍穴)의 땅, 풍수에 있어서의 이상적 지형'이었기 때문으로 적혀 있다.

헤이안경은 아베 세이메이(安倍晴明, 921~1005)라는 천문학 장

---

9 1   일본후기: 『속일본기』 다음으로 편수된 칙찬국사(왕의 명령을 만들어진 역사서)로 792년 정월부터 833년 2월까지 일왕 4대, 42년간의 일본사가 편년체 한문으로 기록되어 있다. 840년 완성. 전40권 (현존 10권).

9 2   속일본기: 『속일본기』는 697년부터 791년까지 95년간의 역사를 다룬, 797에 완성된 관찬 역사서다. 총40권. 일본의 나라(奈良)시대의 기본사료. 한문 표기.

관에 의해 계획되었다. 아베 세이메이의 저서는『삼국상전음양관할 보궤 내전 금오옥토집(三國相傳陰陽輨轄籤籑 內傳金烏玉兎集)』으로 가마쿠라(鎌倉)시대[93] 자손에 의해 완성되었다. 이 책은 총 5권으로 구성되어 있고 아베 세이메이는 제4권에 풍수와 건축에 대한 길흉설을 기술했다.[94]

이에 따르면 사신이 상응하는 토지는 '현무 = 산악, 청룡 = 하천, 주작 = 호수, 늪, 백호 = 큰길'로 되어 있다. 이것은 중국 풍수와는 일부 다른 내용이다. 원래 중국 풍수의 근본은 무위자연(無爲自然)이다. 즉, 자연을 해치지 않는 정신이 바탕에 있기 때문에 아베 세이메이의 저서처럼 '백호 = 큰길'이라고 바꾸는 것은 풍수지리의 무위자연의 원칙에 위배되는 일이다.[95]

그러나 아베 세이메이 이후 교토의 거리 할당이나 건축을 보면, 분명히 '백호 = 큰길'이라고 치환(置換)한, 일본의 독자적인 풍수지리학의 영향을 볼 수 있다.

헤이안경(平安京) 건설 당시의 교토(京都)의 지세를 보면, 북쪽에 위치한 사지키산(桟敷ヶ岳, 895.9m) 최고봉을 중심으로 동쪽으로는 히에이산(比叡山)을 거쳐 다이몬지산(大文字山)까지 이어져 있고, 서쪽으로는 아타고산(愛宕山)으로부터 퐁퐁산(ポンポン山)

---

93 가마쿠라 시대: 1191~1333. 도쿄 남쪽 가마쿠라에 일본 최초의 무사정권이 성립된 시대.
94 Rifull Home's Press, https://www.homes.co.jp/cont/press/reform/reform_00469/
95 위의 사이트.

139    제6장 풍수지리로 건설된 일본의 도읍

으로 이어져 있다. 남쪽은 크게 열려 있고, 호수로 보이는 거대한 오구라(巨椋) 연못까지 평지가 계속 이어지고 있었고, 후시미(伏見) 성이 서 있는 언덕이 있었다. 바로 중국 풍수에서 좋은 명당으로 꼽힌 사신(四神)에 걸맞은 장소였다.[96]

헤이안시대(794~1191) 중기 이후는 북방의 후나오카산(舟岡山)을 현무로 보았고 동쪽에는 청룡으로 가모가와(鴨川) 강수, 서쪽에는 백호로서 산인도(山陰道)가 큰 길로 존재했다. 남쪽에는 주작으로 1941년까지 오구라(巨椋) 연못이 존재했다. 1941년 오구라 연못은 농경지로 매립 공사가 완료되었다.

이와 같이 교토는 중국식 풍수지형 위에 만들어진 일본 고유의 풍수지리적 도시였다. 중국 풍수와 일본 고유의 풍수에 의해 교토 헤이안경(平安京)이 만들어졌고 지켜져 왔다.[97]

---

96   위의 사이트.
97   위의 사이트.

[일본의 고도 헤이안경의 풍수지리]

## 02. 에도(도쿄) 건설에 쓰인 인위적 풍수지리학

1600년 도쿠가와 이에야스(德川家康)는 도요토미(豊臣) 가문과
의 전쟁에서 승리하여 1603년 에도(江戸), 현재의 도쿄에 무사
정권 에도(江戸)막부를 세웠다.

일본의 도읍은 교토 헤이안경이 그대로 존재하면서 정이대장
군으로서 일본 정치의 최고위에 올라간 도쿠가와 이에야스는 자

신의 본거지인 에도(도쿄)를 풍수지리학으로 건설하기 시작했다.

에도의 중심은 에도성이었다. 그 에도성과 에도를 건설하는 데 이에야스는 텐카이(天海)라는 승려에게 자문을 구하면서 공사를 진행시켰다.[98]

1599년 텐카이는 에도막부를 세운 이에야스의 참모로 막부 정치와 막부의 종교정책에 깊이 관여하게 되었다.

1603년 에도에 막부를 세우면서 이에야스는 텐카이에 명해 후지산(富士山) 기슭의 이즈(伊豆)에서 현재 도쿄 동쪽에 위치한 치바현(千葉県)까지, 간토(関東) 지방의 지상(地相)을 살피게 했다. 그 결과 이에야스는 고대 중국의 사신상응(四神相應) 사상에 입각하여 에도가 막부 본거지로 적합하다는 결론을 내렸다.[99]

텐카이와 이에야스가 생각한 에도 = 도쿄에서의 사신상응이란, '동쪽(청룡)에 강이 흐르고(스미다〈隅田〉강), 서쪽(백호)에 길이 달리고(동해도), 남쪽(주작)에 호수나 바다가 있고(에도만 = 도쿄만), 북쪽(현무)에 높은 산(후지산)이 있다'는 사상이었다.[100]

그런데 이 생각에서도 일본식으로 바뀐 사신상응 사상을 엿볼 수 있다. 즉, 텐카이와 이에야스는 서쪽에 있는 큰길(동해도)을 백호로 보았고, 에도의 북쪽에는 후지산이 아닌 북쪽의 산

9 8  PHP ON LINE 衆知, 2013. 8. 28. https://shuchi.php.co.jp/article/1389
9 9  PHP ON LINE 衆知, https://shuchi.php.co.jp/article/1389?p=1
1 0 0  위의 사이트.

들이 솟아 있는데도 굳이 서남쪽에 있는 후지산을 의도적으로 진북(眞北)으로 보았다. 이런 견해는 모두 원래의 사신상응 사상을 왜곡시켜 해석하는 발상이지만 두 사람 모두 에도가 사신(四神)상응의 땅으로 적합하다고 결론을 내렸다. 바로 에도, 도쿄는 교토 헤이안경 건설 때와 비슷한, 혹은 그 이상으로 일본식으로 변질된 인위적 풍수지리 사상으로 건설되었던 것이다.

실제로 후지산은 에도에서 보면 진북으로부터 112도나 어긋나 있지만 당시의 에도 사람들은 후지산을 진북으로 보았고 억지로 사신상응 사상을 적용한 것이다. 에도성의 구조를 보면, 오테몬(大手門)[101]의 방향도 후지산을 진북으로 보는 견해와 방향에 맞추어서 어긋나 있다.

에도성의 모든 어긋난 방향성은 의도적으로 후지산을 진북으로 본 수법에서 유래되었다고 흔히 말한다. 비록 이렇게 변질된 수법이기는 했지만, 에도는 사신(四神)에 의해 보호받는 땅으로 사람들이 생각하게 되었다.

---

101  에도성 오테몬(大手門): 에도성의 정문.

[에도 = 도쿄에 적용된 인위적 풍수지리]

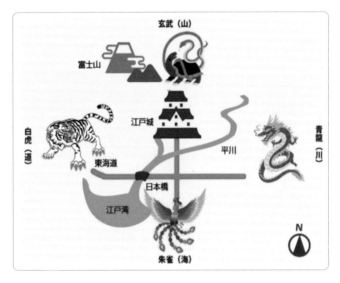

이와 같이 헤이안경이나 에도의 건설과정을 보면, 한 마디로 일본의 풍수지리는 '인위적 풍수지리학'이었다고 할 수 있다. 일본은 이런 일본식의 인위적 풍수지리학을 근대화된 건설기법과 어우러지게 해 일제강점기의 경성부에도 적용함으로써, 경성부(한성부)의 자연과 어울리는 원래의 풍수지리학적인 모습을 파괴, 변질해 나갔다. 그것이 일본이 생각하는 근대화였다.

에도시대 초기에 도쿠가와 이에야스와 텐카이는 그들의 생각에 맞추어 산을 무너뜨리고 포구를 매립하기도 했다. 그리고 두 사람의 에도 건설의 요체 중 하나는 스미다강(청룡)과 간다(神田)강의 물을 이용하여 에도성을 지키는 형태를 만드는데 있었다. 그러므로 에도막부는 스미다강과 간다(神田)강의 물을 이용해 에도성을 둘러싸는 수로(외부 해자: 소토보리〈外堀〉)와 에도성 안을 흐르는 수로(내부 해자: 우치보리〈内堀〉)를 만들었다. 이 작업은 해자로 성을 지키는 목적과 함께 물의 기(氣)를 에도성에 모아 에도성과 에도의 번영을 계획한 데 있었다.[102]

그 이미지는 다음 그림과 같다.

[에도성의 우치보리(내부 해자)와 소토보리(외부 해자)]

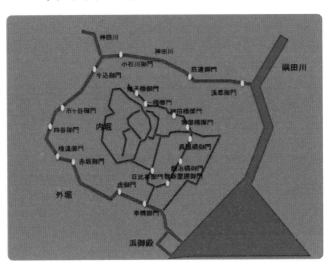

---

102  동양경제 온라인, 2016. 4. 20. https://toyokeizai.net/articles/-/114391?page=2

위와 같이 나선상으로 되어 있는 수류를 풍수에서 옥대수 (玉帶水)라고 하여 물이 갖는 기(氣)가 모아진다고 한다.[103] 이에 야스는 스미다강을 청룡으로 봤기 때문에 나선상의 옥대수 가 된 해자로부터 에도성이 청룡의 힘을 받는다고 생각했다 고 전해진다.[104]

해자가 나선상으로 되어 있음을 보여주는 그림은 다음과 같다.

[나선상의 해자가 나선상의 옥대수가 되어 에도성을 지키는 모습]

103 위의 기사.
104 위의 기사.

에도는 처음부터 인위적으로 만들어진 풍수 도시였다. 그것이 1868년 메이지유신으로 현재의 도쿄의 모습으로 이어지고 있다.

현재 당시의 해자처럼 도쿄에 기(氣), 즉 에너지를 주고 있는 것이 철도라고 보았다.[105] 특히 도쿄를 한 바퀴 도는 야마노테(山手)선과 그 중앙을 관통하는 추오(中央)선이 현대적인 옥대수의 역할을 하고 있다고 보는 견해가 있다.[106]

[빨간 외주가 야마노테선이고 그 중앙을 통과하는 철도가 추오선임]

---

105  위의 기사.
106  위의 기사.

그리고 야마노테선과 추오선이 태극 모양을 만들고 있다는 견해도 많다. 위 그림의 원 부분은 야마노테선이고 그 한가운데를 가로지른 선이 추오선이다. 이처럼 옛날에는 해자가 에도성을 지키고 있었으나 현재는 야마노테선과 추오선이 황거(皇居)를 지키고 있다. 1868년 메이지유신으로 에도성은 황거로 바뀌었다. 결국 해자는 에도성을 지켰고 현재는 철도가 황거를 지키고 있는 셈이다. 그리고 이 형태가 태극 모양이라는 것을 다음 그림을 보면 알 수 있다.

원은 야마노테(山手)선, 중앙을 지나가는 선은 추오(中央)선, 황거(皇居)는 태극의 음극 중의 양의 위치에 있다.

이와 같이 도쿄가 평야지대이기 때문에 도쿄의 풍수는 산보다 강, 그리고 나선상의 타원형에 의존하는 풍수라는 것을 알 수 있다. 그리고 인위적으로 기(氣), 에너지를 모으도록 도시를 형성해 나갔다는 특징이 있다.

이러한 일본식 풍수지리학이 1910년 한일병합 이후 경성부에 어떤 식으로 영향을 미쳤는지에 대해 생각하면 다음과 같은 결론을 도출할 수 있다.

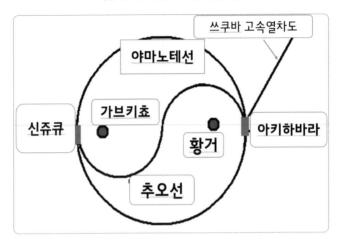

[현재 도쿄의 철도 라인과 황거]

쓰쿠바 고속열차도

야마노테선

가브키쵸

신쥬큐

황거

아키하바라

추오선

우선 도쿄에 적용된 일본식 풍수지리는 조선이 역사적으로 한성부에 적용했던 풍수지리와는 별개였다. 즉 조종산이나 주산이 될 만한 산이 없는 도쿄에 적용한 풍수지리는 강물의 흐름을 활용하는 원리에 입각했다.

일본에서는 에도=도쿄의 조종산이나 주산을 후지산으로 봤지만 후지산은 도쿄의 북쪽에 있는 산이 아니다. 후지산은 도쿄 서남쪽에 있기 때문에 사실상 전통적인 의미에서 후지산을 도쿄의 조종산이나 주산으로 삼을 수 없었다. 결국 일본 도쿄=에도에서는 처음부터 조종산이나 주산이 도쿄 내에 없었고 방향도 북쪽이 아니었기 때문에 전통적인 풍수지리학을 적용하지 못했다. 후지산이 소속된 행정구역이 현재는 시즈오카현이고, 도쿄 = 에도가 일본의 중심이 된 에도시대에는 후지산은 스루가(駿河)라는 번(藩)[107]에 속했다.

즉, 일본에서는 처음부터 에도 = 도쿄의 구역 안에 조종산이나 주산이 포함된다는 개념이 없었다. 그러므로 1914년의 지방행정구역 개편에 따라 조선총독부가 경성부를 축소했을 때도 일본식 풍수지리에 입각해 북한산을 경성부에서 분리했음을 알 수 있다.

조선총독부는 한국식 풍수지리를 파괴하고 일본식 풍수지리를 적용해 북한산을 경성부에서 분리했다. 당시 조선총독부에서는 북한산이라는 조종산의 행정구역이 경성부에 속해 있지 않더라도 전혀 문제가 없었다. 왜냐하면 일본의 수도인 에도의 조종산 후지산도 에도 = 도쿄라는 행정구역 밖에 존재하기 때문이다.

이처럼 일제는 경성부에 일본식 풍수지리를 적용했으며, 북한산을 경성부에서 분리시킨 것도 북한산이 조선 수도의 조종산으로서 얼마나 중요한 존재인지를 무시한 채 이뤄졌음을 알 수 있다.

---

107  번 : 1867년까지 일본의 행정단위. 대략 현재의 현에 해당한다.

서울은 조선시대와 대한제국시대 한성부로서 조선, 대한제국의 도읍이었다. 그러나 1910년 한일병합과 동시에 한성부는 대한제국의 수도로서의 지위를 상실했고 식민지 조선의 경기도청 소재지가 되었다. 물론 한성부에는 조선총독부가 있었으므로 조선의 행정적 중심지이기는 했다. 그러나 한성부는 조선의 수도라는 지위를 상실한 것이 사실이다.

1910년 10월 1일 한성부는 경성부로 개칭되었고 1914년 3월 1일 경성부의 범위가 한성부의 1/5 정도로 축소되었다. 이때 북한산이 경성부에서 경기도 고양군으로 편입되었다. 1945년 이후 서울은 원래의 한성부 범위로 복원되었으나 북한산 지역은 일부가 아직도 경기도 소속으로 원상 복귀가 안 된 상태다.

1914년 경성부 축소를 결정한 것은 조선총독부 토목회의이자 정례 국장회의였다. 그리고 경성부 축소는 경성도시계획에 따라 결정된 것이다.

경성 등의 시구개정이나 도시계획을 입안할 수 있는 법률의 토대는 칙령 제375호 '조선총독부 토목회의관제'다. 즉, 일왕이 공포한 이 칙령 제375호를 토대로 경성 등 조선 내의 시구개수(시구개정)와 도시계획이 결정되고 진행되었다. 이에 따른 예산안은 일본 본토의 제국의회에 보고되었고 승인을 받았다. 결론적으로 경성부 축소와 북한산을 경성부에서 제외한 결정의 근본은 조선총독부의 결정을 정당화한 일왕의 칙령 제375호이자 일본 본토 제국의회의 승인이었다.

그런 관점에서 북한산의 일부가 경기도 소속으로 남아 있는 상태는 일제강점기의 잔재이므로 현재 시점에서 원래대로 복원해야 한다고 판단된다.

조선왕조실록을 보면 북한산은 서울의 조종산일 뿐만이 아니라 한반도의 중악이므로 한반도의 중심지 서울에 소속되어 있어야 하는 산이다. 일본이 수도 도쿄(에도)에 적용한 풍수지리는, 도쿄 주변에 마땅한 산이 없기 때문에 강물을 중심으로 하는 일본식 풍수지리였다. 그러므로 일본은 경성부에 대해서도 조종산인 북한산을 경성부에 소속시켜야 한다는 개념 자체가 없었고 독립운동가나 의병들이 북한산을 거점으로 활용할 수 있다는 치안적 관점에서만 북한산을 바라보았기 때문에, 1914년 경성부를 한성부의 1/5 정도로 축소해 도성 안과 용산에 한정하고 말았다.

대한민국은 일제강점기에 일제에 의해 손상된 북한산의 지위와 소속을 원상복귀하기 위해 북한산 전체를 서울특별시 소속으로 되돌려야 한다. 그렇게 함으로 일왕을 정점으로 하여 자행된 일제의 만행을 완전히 청산하는 것이 독립된 대한민국으로서 당연히 해야 하는 우선적 책무라 할 수 있다. 이에 책임이 있는 대한민국의 모든 기관과 개인은 하루 속히 북한산을 서울특별시에 복귀시켜야 한다.

현재(2022. 3.)의 서울특별시 구역. 원 안은 북한산을 표시했다. 북한산의 일부는 아직도 일제강점기 그대로 경기도 소속으로 남아 있다.

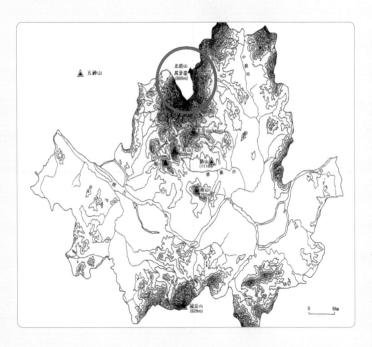